会计实务示范手册系

物流企业
会计实务示范手册

WU LIU QI YE KUAI JI
SHI WU SHI FAN SHOU CE

主编 / 吴洪波 李凤

SPM
南方出版传媒
广东经济出版社

图书在版编目（CIP）数据

物流企业会计实务示范手册 / 吴洪波，李凤主编．—广州：广东经济出版社，2015.7

ISBN 978-7-5454-4001-0

Ⅰ．①物… Ⅱ．①吴… ②李… Ⅲ．①物资企业-会计实务-手册 Ⅳ．①F253.7-62

中国版本图书馆 CIP 数据核字（2015）第 099919 号

出版发行	广东经济出版社（广州市环市东路水荫路 11 号 11～12 楼）
经销	全国新华书店
印刷	广东省农垦总局印刷厂 （广州市天河区棠东横岭三横路11-13号）
开本	787 毫米×1092 毫米　1/16
印张	14.75
字数	305 000 字
版次	2015 年 7 月第 1 版
印次	2015 年 7 月第 1 次
印数	1～4 000
书号	ISBN 978-7-5454-4001-0
定价	39.00 元

如发现印装质量问题，影响阅读，请与承印厂联系调换。

发行部地址：广州市环市东路水荫路 11 号 11 楼

电话：（020）38306055　37601950　邮政编码：510075

邮购地址：广州市环市东路水荫路 11 号 11 楼

电话：（020）37601980　营销网址：http://www.gebook.com

广东经济出版社新浪官方微博：http://e.weibo.com/gebook

广东经济出版社常年法律顾问：何剑桥律师

前　　言

物流企业的业务涉及运输、包装、装卸、仓储等劳务服务，其运输服务是物流企业的主要经营业务，其他业务作为运输服务的辅助业务。自2011年开始我国进行营业税改征增值税的税制改革，物流企业作为“交通运输行业”是营业税改征增值税的首要行业。所以本书在简单介绍营业税改征增值税会计核算的基础上，着重示范物流企业运输服务的成本核算和收入的确认以及成本的归集与结转，并以物流企业运输业务为主线进行整体会计核算的示范。

全书分为13个章节，从货币资金到所有者权益以及财务报告，分别介绍会计核算的范围、规范、注意事项、核算依据、计算方法，然后紧扣物流企业的业务特点、通过业务介绍进行实例示范。同时对物流企业的成本核算、营业收入与成本的确认和结转作了详尽的会计核算示范。最后一个章节对会计报表的编制要求进行了介绍，并进行了会计报表编制的简单示范，使读者在了解物流企业核算流程的基础上，通过示范熟悉会计核算实务的具体工作。

本书在编写过程中，改变过去理论部分长篇累牍、实务部分原始单据复制罗列的编写风格，使用通俗的语言，简明扼要地介绍基本的原理和方法；使用贴近实务的典型案例，清晰示范账务处理流程。我们相信通过本书对该行业完整的知识体系铺垫、清晰的会计核算规范、贴切的实际业务描述、手把手的记账凭证示范，能够让读者分层次地了解、熟悉、掌握、运用该行业的会计实务操作方法，并为之向更高层次迈进提供帮助。

本书可作为会计或税务实务工作者的工具书，大中专院校财务会计专业相关学生教材，各种培训机构的培训教材或参考书，以及会计或税务工作者、爱好者的自学指导书。

由于编写时间仓促，书中难免存在不足之处，再次恳请读者谅解，并希望读者提出宝贵意见，以便我们日后修订完善。

目 录

第 1 章 物流企业会计核算概述

1.1 物流企业会计核算概述 …… 3

1.2 营业税改征增值税概述 …… 5

第 2 章 货币资金的会计核算

2.1 货币资金概述 …… 15

2.2 库存现金的核算 …… 18

2.3 银行存款的核算 …… 22

2.4 其他货币资金的核算 …… 24

第 3 章 往来款项的会计核算

3.1 资产类往来款项科目的核算 …… 29

3.2 负债类往来款项科目的核算 …… 35

第 4 章 存货的会计核算

4.1 存货概述 …… 43

4.2 周转材料的核算 …… 46

4.3 存货清查的核算 …… 52

4.4 存货跌价准备的核算 …… 57

第 5 章 长期资产的会计核算

5.1 长期资产概述 …… 65

5.2 固定资产的核算 …… 66

5.3 无形资产的核算 …… 73

5.4 投资性房地产的核算 …… 77

第 6 章　银行借款业务的会计核算

6.1　短期借款的核算 …… 85

6.2　长期借款的核算 …… 87

第 7 章　应付职工薪酬业务的会计核算

7.1　应付职工薪酬的核算内容 …… 93

7.2　应付职工薪酬的核算示范 …… 94

第 8 章　应交税费业务的会计核算

8.1　应交税费的核算内容 …… 103

8.2　应交税费的核算示范 …… 104

第 9 章　营业收入与成本的会计核算

9.1　营业收入与成本会计核算概述 …… 127

9.2　营业收入与成本的核算 …… 130

第 10 章　期间费用的会计核算

10.1　销售费用的核算 …… 151

10.2　管理费用的核算 …… 153

10.3　财务费用的核算 …… 155

第 11 章　营业外收支业务的会计核算

11.1　营业外收入的核算 …… 161

11.2　营业外支出的核算 …… 163

第 12 章　所有者权益业务的会计核算

12.1　实收资本的核算 …… 169

12.2　资本公积的核算 …… 169

12.3　留存收益的核算 …… 171

第 13 章　财务报告

13.1　财务报告概述 …… 177

13.2　资产负债表 …… 179

13.3　利润表 …… 191

13.4 现金流量表 …… 197
13.5 所有者权益变动表 …… 206
13.6 会计报表附注 …… 212
13.7 财务情况说明书 …… 219
附录：物流企业分类与评估指标 …… 223

第1章

物流企业会计核算概述

物流活动最早源自英国，后来“物流”一词被美国借用到企业管理中，也便有了“物流企业”。20 世纪 80 年代初我国引进物流概念和理论，最近几年物流行业迅猛发展。物流企业业务涉及运输、储存、装卸、搬运、包装等环节，在整个服务行业里会计核算相对较为复杂。

1.1 物流企业会计核算概述

1.1.1 物流企业的业务类型

物流企业的工作包括运输、仓储、装卸、搬运、包装、等多个环节，因此，物流企业主要的业务类型主要包括运输业务、包装仓储业务、装卸搬运业务。

1. 运输业务。

运输是指用特定的设备和工具，将物品或人从一个地点运送到另一个地点的物流活动，它是在不同地域范围内，以改变人或物的空间位置为目的而对人或物进行的空间位移。通过这种位移创造商品的空间效益，实现其使用价值，满足社会的不同需要。运输业务是物流企业的主要业务，其他业务为运输业务的辅助业务。但是随着行业竞争业务分工越来越细化，也有一些小型物流企业只做仓储、包装、装卸等某一单项或者几项。

根据运输方式的不同，可将运输分为陆路运输、水上运输、航空运输和管道运输，各种运输方式分别有不同的特点，各自发挥着不同的作用。但各种运输方式在会计核算上基本相同，所以本书将以陆路运输为例进行核算演练。

运输环节会计核算的内容包括：运输收入的确认和计量；运输费用的计算和确定；运输成本的归集、分配和结转。

2. 包装仓储业务。

包装是指为了在流通过程中保护商品、方便运输、促进销售，按照一定的技术方法而采用的容器、材料及辅助物进行包装等的总称，这一技术方法的操作活动称之为包装。

仓储是指保护、管理、储藏物品的物流活动。仓储是包含库存和储备在内的一种广泛的经济现象。仓储可以作为纯粹意义上的仓储业务，也可以是运输过程中在场站、码头暂时存放的业务。

包装环节会计核算的内容包括：包装环节中发生的材料成本，人工费用，设计技术费用的计算、归集和分配。储存环节会计核算的内容包括：储存收入的确认和计量；储存成本和费用的汇集和结转。

3. 装卸搬运业务。

装卸是物品在指定地点以人力、机械装入运输设备或卸下的物流活动。搬运是指在同一场所，对物品进行水平或垂直移动为主的物流活动。在实际操作中，装卸和搬运是密不可分的。因此，装卸搬运在物流企业往往不单独进行会计核算，而是归属到运输业务中确认收入成本。

1.1.2 物流企业的会计核算依据

《小企业会计准则》颁布后，企业会计核算工作将执行《中华人民共和国会计法》和《企业财务会计报告条例》下的《企业会计准则》和《小企业会计准则》。

1.《中华人民共和国会计法》。

1985年1月21日第六届全国人民代表大会常务委员会第九次会议通过，根据1993年12月29日第八届全国人民代表大会常务委员会第五次会议《关于修改〈中华人民共和国会计法〉的决定》修正，1999年10月31日第九届全国人民代表大会常务委员会第十二次会议修订，自2000年7月1日起施行。

2.《企业财务会计报告条例》。

2000年6月21日中华人民共和国国务院令（第287号）公布《企业财务会计报告条例》，自2001年1月1日起执行，其中第45条规定：不对外筹集资金、经营规模较小的企业编制和对外提供财务会计报告的办法，由国务院财政部门根据调理的原则另行规定。

3.《企业会计准则》。

根据《国务院关于〈企业财务通则〉、〈企业会计准则〉的批复》（国函［1992］178号）的规定，财政部对《企业会计准则》财政部令第5号进行了修订。修订后的《企业会计准则——基本准则》已由部务会议讨论通过和公布，自2007年1月1日起施行。企业会计准则包括基本准则和具体准则，具体准则的制定应当遵循基本准则。

4.《小企业会计准则》。

为了规范小企业会计确认、计量和报告行为，促进小企业可持续发展，发挥小企业在国民经济和社会发展中的重要作用，根据《中华人民共和国会计法》及其他有关法律和法规，财政部制定并颁布了《小企业会计准则》，自2013年1月1日起在小企业范围内施行，鼓励小企业提前执行。财政部于2004年4月27日发布的《小企业会计制度》（财会〔2004〕2号）同时废止。

物流企业的会计核算应当依据企业规模，选用《企业会计准则》或者《小企业会计准则》进行核算。

本书将在《企业会计准则》和《小企业会计准则》下，参照2013年新颁布的《企业产品成本核算制度》，以物流企业运输业务为主线进行整体会计核算演练。

1.2 营业税改征增值税概述

1.2.1 营改增税制改革

自 2011 年开始，我国进行营业税改征增值税的税制改革，我国目前大多数服务企业的流转税形式已经由原来的营业税改征为增值税，还有很小部分服务业的流转税形式依然是营业税。物流企业作为“交通运输行业”是营业税改征增值税的首要行业，因此，我们需要对营业税改征增值税做简单的了解。

为进一步实现产业结构不断优化升级，深化改革开放，推动服务业大发展，我国对服务业展开税制改革。改革的力度和推动的速度历史上前所未有。改革中尽管还存在一些小的问题，但是结构性减税调整产业结构初见成效，服务业税收优惠效果明显。

1. 上海试点营业税改征增值税。

2011 年 11 月 16 日，财政部、国家税务总局下发《财政部　国家税务总局关于在上海市开展交通运输业和部分现代服务业营业税改征增值税试点的通知》（财税〔2011〕111 号），2012 年 1 月 1 日，上海开始营业税改征增值税试点，涉及服务行业中交通运输业和 6 项现代服务业的“1 +6”个具体的企业类型业务。

上海营业税改征增值税中涉及《中华人民共和国营业税暂行条例》《营业税暂行条例实施细则》的内容，不在上海试点内适用。

2. 营业税改征增值税试点区域扩展。

2012 年 7 月 31 日，财政部、国家税务总局下发《财政部 国家税务总局关于在北京等 8 省市开展交通运输业和部分现代服务业营业税改征增值税试点的通知》（财税〔2012〕71 号），营业税改征增值税扩展到 8 个省份，涉及的服务行业从“1 +6”扩展到“1 +7”个具体的企业类型业务。

同时，文件规定废止财税〔2011〕111 号。

3. 营业税改征增值税试点全国推开。

2012 年 5 月 24 日，财政部、国家税务总局下发《关于在全国开展交通运输业和部分现代服务业营业税改征增值税试点税收政策的通知》（财税〔2013〕37 号），文件规定自 2013 年 8 月 1 日开始，营业税改征增值税试点在全国范围内推开。

同时，文件规定废止财税〔2012〕71 号。

4. 营业税改征增值税试点企业扩展。

2013 年 12 月 12 日，财政部、国家税务总局下发《财政部 国家税务总局关于将铁路运输和邮政业纳入营业税改征增值税试点的通知》（财税〔2013〕106 号），至此，营改增试点范围由“1+7”模式转化为交通运输业、邮政业和 7 项现代服务业的“2+7”模式。

同时，文件规定自 2014 年 1 月 1 日起执行，并废止财税〔2013〕37 号。

1.2.2 营改增文件主要条款解读

1. 营业税改征增值税的纳税人。

(1) 纳税人范围。

在中华人民共和国境内提供交通运输业、邮政业和部分现代服务业服务的单位和个人，为增值税纳税人。纳税人提供应税服务，应当按照本办法缴纳增值税，不再缴纳营业税。

单位，是指企业、行政单位、事业单位、军事单位、社会团体及其他单位。

个人，是指个体工商户和其他个人。

单位以承包、承租、挂靠方式经营的，承包人、承租人、挂靠人（以下统称承包人）以发包人、出租人、被挂靠人（以下统称发包人）名义对外经营并由发包人承担相关法律责任的，以该发包人为纳税人。否则，以承包人为纳税人。

(2) 纳税人规模。

纳税人分为一般纳税人和小规模纳税人。

应税服务的年应征增值税销售额（以下称应税服务年销售额）超过财政部和国家税务总局规定标准的纳税人为一般纳税人，未超过规定标准的纳税人为小规模纳税人。

目前我国对应税服务年销售额规定的标准一般为 500 万元，但各省份地区可以依据情况进行调整。

应税服务年销售额超过规定标准的其他个人不属于一般纳税人。应税服务年销售额超过规定标准但不经常提供应税服务的单位和个体工商户可选择按照小规模纳税人纳税。

未超过规定标准的纳税人会计核算健全、能够提供准确税务资料的，可以向主管税务机关申请一般纳税人资格认定，成为一般纳税人。

会计核算健全，是指能够按照国家统一的会计制度规定设置账簿，根据合法、有效凭证核算。

符合一般纳税人条件的纳税人应当向主管税务机关申请一般纳税人资格认定。具体认定办法由国家税务总局制定。

除国家税务总局另有规定外，一经认定为一般纳税人后，不得转为小规模纳税人。

2. 营业税改征增值税的征税范围。

(1) 交通运输业。

交通运输业是指使用运输工具将货物或者旅客送达目的地，使其空间位置得到转移的业务活动。包括陆路运输服务、水路运输服务、航空运输服务和管道运输服务。

①陆路运输服务。

陆路运输服务是指通过陆路（地上或者地下）运送货物或者旅客的运输业务活动，包括铁路运输和其他陆路运输。

出租车公司向使用本公司自有出租车的出租车司机收取的管理费用，按陆路运输服务征收增值税。

②水路运输服务。

水路运输服务是指通过江、河、湖、川等天然、人工水道或者海洋航道运送货物或者旅客的运输业务活动。

远洋运输的程租、期租业务，属于水路运输服务。

程租业务是指远洋运输企业为租船人完成某一特定航次的运输任务并收取租赁费的业务。

期租业务是指远洋运输企业将配备有操作人员的船舶承租给他人使用一定期限，承租期内听候承租方调遣，不论是否经营，均按天向承租方收取租赁费，发生的固定费用均由船东负担的业务。

③航空运输服务。

航空运输服务是指通过空中航线运送货物或者旅客的运输业务活动。

航空运输的湿租业务，属于航空运输服务。

湿租业务是指航空运输企业将配备有机组人员的飞机承租给他人使用一定期限，承租期内听候承租方调遣，不论是否经营，均按一定标准向承租方收取租赁费，发生的固定费用均由承租方承担的业务。

航天运输服务按照航空运输服务征收增值税。

航天运输服务是指利用火箭等载体将卫星、空间探测器等空间飞行器发射到空间轨道的业务活动。

④管道运输服务。

管道运输服务是指通过管道设施输送气体、液体、固体物质的运输业务活动。

（2）邮政业。

邮政业是指中国邮政集团公司及其所属邮政企业提供邮件寄递、邮政汇兑、机要通信和邮政代理等邮政基本服务的业务活动。包括邮政普遍服务、邮政特殊服务和其他邮政服务。

①邮政普遍服务。

邮政普遍服务是指函件、包裹等邮件寄递，以及邮票发行、报刊发行和邮政汇兑等业务活动。

函件是指信函、印刷品、邮资封片卡、无名址函件和邮政小包等。

包裹是指按照封装上的名址递送给特定个人或者单位的独立封装的物品，其重量不超过 50 千克，任何一边的尺寸不超过 150 厘米，长、宽、高合计不超过 300 厘米。

②邮政特殊服务。

邮政特殊服务是指义务兵平常信函、机要通信、盲人读物和革命烈士遗物的寄递等业务活动。

③其他邮政服务。

其他邮政服务是指邮册等邮品销售、邮政代理等业务活动。

（3）部分现代服务业。

部分现代服务业是指围绕制造业、文化产业、现代物流产业等提供技术性、知识性服务的业务活动。包括研发和技术服务、信息技术服务、文化创意服务、物流辅助服务、有形动产租赁服务、鉴证咨询服务、广播影视服务。

①研发和技术服务。

研发和技术服务包括研发服务、技术转让服务、技术咨询服务、合同能源管理服务、工程勘察勘探服务。

◆研发服务是指就新技术、新产品、新工艺或者新材料及其系统进行研究与试验开发的业务活动。

◆技术转让服务是指转让专利或者非专利技术的所有权或者使用权的业务活动。

◆技术咨询服务是指对特定技术项目提供可行性论证、技术预测、技术测试、技术培训、专题技术调查、分析评价报告和专业知识咨询等业务活动。

◆合同能源管理服务是指节能服务公司与用能单位以契约形式约定节能目标，节能服务公司提供必要的服务，用能单位以节能效果支付节能服务公司投入及其合理报酬的业务活动。

◆工程勘察勘探服务是指在采矿、工程施工前后，对地形、地质构造、地下资源蕴藏情况进行实地调查的业务活动。

②信息技术服务。

信息技术服务是指利用计算机、通信网络等技术对信息进行生产、搜集、处理、加工、存储、运输、检索和利用，并提供信息服务的业务活动。包括软件服务、电路设计及测试服务、信息系统服务和业务流程管理服务。

◆软件服务是指提供软件开发服务、软件咨询服务、软件维护服务、软件测试服务的业务行为。

◆电路设计及测试服务是指提供集成电路和电子电路产品设计、测试及相关技术支持服务的业务行为。

◆信息系统服务是指提供信息系统集成、网络管理、桌面管理与维护、信息系统应用、基础信息技术管理平台整合、信息技术基础设施管理、数据中心、托管中心、安全服务的业务行为。包括网站对非自有的网络游戏提供的网络运营服务。

◆业务流程管理服务是指依托计算机信息技术提供的人力资源管理、财务经济管理、审计管理、税务管理、金融支付服务、内部数据分析、内部数据挖掘、内部数据管理、内部数据使用、呼叫中心和电子商务平台等服务的业务活动。

③文化创意服务。

文化创意服务包括设计服务、商标和著作权转让服务、知识产权服务、广告服务和会议展览服务。

◆设计服务是指把计划、规划、设想通过视觉、文字等形式传递出来的业务活动。包括工业设计、造型设计、服装设计、环境设计、平面设计、包装设计、动漫设计、网游设计、展示设计、网站设计、机械设计、工程设计、广告设计、创意策划、文印晒图等。

◆商标和著作权转让服务是指转让商标、商誉和著作权的业务活动。

◆知识产权服务是指处理知识产权事务的业务活动。包括对专利、商标、著作权、软件、集成电路布图设计的代理、登记、鉴定、评估、认证、咨询、检索服务。

◆广告服务是指利用图书、报纸、杂志、广播、电视、电影、幻灯、路牌、招贴、橱窗、霓虹灯、灯箱、互联网等各种形式为客户的商品、经营服务项目、文体节目或者通告、声明等委托事项进行宣传和提供相关服务的业务活动。包括广告代理和广告的发布、播映、宣传、展示等。

◆会议展览服务是指为商品流通、促销、展示、经贸洽谈、民间交流、企业沟通、国际往来等举办或者组织安排的各类展览和会议的业务活动。

④物流辅助服务。

物流辅助服务包括航空服务、港口码头服务、货运客运场站服务、打捞救助服务、货物运输代理服务、代理报关服务、仓储服务、装卸搬运服务和收派服务。

◆航空服务包括航空地面服务和通用航空服务。

航空地面服务是指航空公司、飞机场、民航管理局、航站等向在境内航行或者在境内机场停留的境内外飞机或者其他飞行器提供的导航等劳务性地面服务的业务活动。包括旅客安全检查服务、停机坪管理服务、机场候机厅管理服务、飞机清洗消毒服务、空中飞行管理服务、飞机起降服务、飞行通讯服务、地面信号服务、飞机安全服务、飞机跑道管理服务、空中交通管理服务等。

通用航空服务是指为专业工作提供飞行服务的业务活动，包括航空摄影、航空培训、航空测量、航空勘探、航空护林、航空吊挂播撒、航空降雨等。

◆港口码头服务。

港口码头服务是指港务船舶调度服务、船舶通讯服务、航道管理服务、航道疏浚服务、灯塔管理服务、航标管理服务、船舶引航服务、理货服务、系解缆服务、停泊和移泊服务、海上船舶溢油清除服务、水上交通管理服务、船只专业清洗消毒检测服务和防止船只漏油服务等为船只提供服务的业务活动。

港口设施经营人收取的港口设施保安费按照“港口码头服务”征收增值税。

◆货运客运场站服务。

货运客运场站服务是指货运客运场站提供的货物配载服务、运输组织服务、中转换乘服务、车辆调度服务、票务服务、货物打包整理、铁路线路使用服务、加挂铁路客车服务、铁路行包专列发送服务、铁路到达和中转服务、铁路车辆编解服务、车辆挂运服务、铁路接触网服务、铁路机车牵引服务、车辆停放服务等业务活动。

◆打捞救助服务。

打捞救助服务是指提供船舶人员救助、船舶财产救助、水上救助和沉船沉物打捞服务的业务活动。

◆货物运输代理服务。

货物运输代理服务是指接受货物收货人、发货人、船舶所有人、船舶承租人或船舶经营人的委托，以委托人的名义或者以自己的名义，在不直接提供货物运输服务的情况下，为委托人办理货物运输、船舶进出港口、联系安排引航、靠泊、装卸等货物和船舶代理相关业务手续的业务活动。

◆代理报关服务。

代理报关服务是指接受进出口货物的收、发货人委托，代为办理报关手续的业务活动。

◆仓储服务。

仓储服务是指利用仓库、货场或者其他场所代客贮放、保管货物的业务活动。

◆装卸搬运服务。

装卸搬运服务是指使用装卸搬运工具或人力、畜力将货物在运输工具之间、装卸现场之间或者运输工具与装卸现场之间进行装卸和搬运的业务活动。

◆收件服务。

收件服务是指从寄件人收取函件和包裹，并运送到服务提供方同城的集散中心的业务活动；分拣服务，是指服务提供方在其集散中心对函件和包裹进行归类、分发的业务活动；派送服务，是指服务提供方从其集散中心将函件和包裹送达同城的收件人的业务活动。

⑤有形动产租赁服务。

有形动产租赁服务包括有形动产融资租赁和有形动产经营性租赁。

◆有形动产融资租赁。

有形动产融资租赁是指具有融资性质和所有权转移特点的有形动产租赁业务活动。即出租人根据承租人所要求的规格、型号、性能等条件购入有形动产租赁给承租人，合同期内设备所有权属于出租人，承租人只拥有使用权，合同期满付清租金后，承租人有权按照残值购入有形动产，以拥有其所有权。不论出租人是否将有形动产残值销售给承租人，均属于融资租赁。

◆有形动产经营性租赁。

有形动产经营性租赁是指在约定时间内将物品、设备等有形动产转让给他人使用且租赁物所有权不变更的业务活动。

远洋运输的光租业务、航空运输的干租业务，属于有形动产经营性租赁。

光租业务，是指远洋运输企业将船舶在约定的时间内出租给他人使用，不配备操作人员，不承担运输过程中发生的各项费用，只收取固定租赁费的业务活动。

干租业务，是指航空运输企业将飞机在约定的时间内出租给他人使用，不配备机组人员，不承担运输过程中发生的各项费用，只收取固定租赁费的业务活动。

⑥鉴证咨询服务。

鉴证咨询服务包括认证服务、鉴证服务和咨询服务。

◆认证服务。

认证服务是指具有专业资质的单位利用检测、检验、计量等技术，证明产品、服务、管理体系符合相关技术规范、相关技术规范的强制性要求或者标准的业务活动。

◆鉴证服务。

鉴证服务是指具有专业资质的单位，为委托方的经济活动及有关资料进行鉴证，发表具有证明力的意见的业务活动。包括会计鉴证、税务鉴证、法律鉴证、工程造价鉴证、资产评估、环境评估、房地产土地评估、建筑图纸审核、医疗事故鉴定等。

◆咨询服务。

咨询服务是指提供和策划财务、税收、法律、内部管理、业务运作和流程管理等信息或者建议的业务活动。

代理记账、翻译服务按照“咨询服务”征收增值税。

⑦广播影视服务。

广播影视服务包括广播影视节目（作品）制作服务、发行服务和播映（含放映，下同）服务。

◆广播影视节目（作品）制作服务。

广播影视节目（作品）制作服务是指进行专题（特别节目）、专栏、综艺、体育、动画片、广播剧、电视剧、电影等广播影视节目和作品制作的服务。具体包括与广播影视节目和作品相关的策划、采编、拍摄、录音、视频文字图片素材制作、场景布置、后期的剪辑、翻译（编译）、字幕制作、片头、片尾、片花制作、特效制作、影片修复、编目和确权等业务活动。

◆广播影视节目（作品）发行服务。

广播影视节目（作品）发行服务是指以分账、买断、委托、代理等方式，向影院、电台、电视台、网站等单位和个人发行广播影视节目（作品），以及转让体育赛事等活动的报道及播映权的业务活动。

◆广播影视节目（作品）播映服务。

广播影视节目（作品）播映服务是指在影院、剧院、录像厅及其他场所播映广播影视节目（作品），以及通过电台、电视台、卫星通信、互联网、有线电视等无线或有线装置播映广播影视节目（作品）的业务活动。

第2章

货币资金的会计核算

货币资金是指在企业生产经营过程中处于货币形态的资产，它是企业中最活跃的资产，是企业的重要支付手段和流通手段。

货币资金作为资产负债表中的一个流动资产项目，按其形态和用途不同可分为库存现金、银行存款和其他货币资金。

2.1 货币资金概述

2.1.1 货币资金的特点

货币资金是指可以立即投入流通，用以购买商品或劳务、用以偿还债务的交换媒介物。作为企业生产经营过程中不可缺少的一部分，货币资金有以下特点。

特点	内容
流动性强	在流动资产中，货币资金的流动性最强，并且是唯一能够直接转化为其他任何资产形态的资产，也是唯一能代表企业现实购买力水平的资产
管理严格	货币资金的流动性又决定了国家对其管理要求的严格性，建立有效的内部控制制度以确保货币资金的有效使用和安全完整
经营必需	为确保生产经营活动的正常进行，企业必须拥有一定数量的货币资金，以便购买材料、交纳税金、发放工资、支付利息及股利或进行投资等

2.1.2 货币资金的相关规定

1. 现金管理制度。

（1）现金的支付范围。

现金的支付范围包括：职工工资、津贴；个人劳务报酬；根据国家规定颁发给个人的科学技术、文化艺术、体育等各种奖金；各种劳保、福利费用以及国家规定的对个人的其他支出；向个人收购农副产品和其他物资的款项；出差人员必须随身携带的差旅费；结算起点以下的零星支出；中国人民银行确定需要支付现金的其他支出。

（2）现金的库存限额。

现金的库存限额是指为了保证企业日常零星开支的需要，允许单位留存现金的最高数额。这一限额由开户银行根据单位的实际需要核定，一般按照单位3~5天日常零星开支的需要确定，边远地区和交通不便的地区开户银行的库存现金限额，可按多于5天但不超过15天的日常零星开支的需要确定。

（3）现金收支的规定。

现金收支过程中不得“坐支”现金；收支的现金必须入账；不准用不符合国家统

一的会计制度的凭证顶替库存现金，即不得“白条顶库”；不准谎报用途套取现金；不准用银行账户代其他单位和个人存入或支取现金；不准用单位收入的现金以个人名义存入储蓄；不准保留账外公款，即不得“公款私存”，不得设置“小金库”等。

（4）现金盘点的规定。

应建立健全库存现金的定期盘点和不定期盘点相结合的制度；清查的方法主要是实地盘点；清查包括出纳人员自查和清查小组监盘两种清查形式。出纳人员应当每日清点现金。

由清查小组进行的监盘，应在清查小组人员在现场的情况下，由出纳人员清点现金，核对账款。清查中发现用借条、白条等不符合会计制度的凭证顶替现金时，应按规定处理纠正。清查后，根据清查结果填写现金盘点报告单，写明现金实存、账存及盈亏情况，并据以编制会计分录。

2. 银行账户分类。

（1）基本存款账户。

企业办理日常转账结算和现金收付的账户，工资、奖金等现金的支取只能通过本账户办理。企业可以自主选择银行，银行也可以自主选择存款人。但一个企业只能选择一家银行的一个营业机构开立一个基本存款账户，不得在多家银行机构同时开立基本存款账户。

（2）一般存款账户。

企业因借款或其他结算需要在基本存款账户开户银行以外的银行营业机构开立的银行结算账户，企业可以通过本账户办理转账结算和现金交存，但不能办理现金的支取。

（3）临时存款账户。

企业因临时需要并在规定期限内使用而开立的账户，本账户可以办理转账和根据国家现金管理的规定办理现金收付。

（4）专用存款账户。

企业为对其特定用途资金进行专项管理和使用而开立的账户。

3. 其他货币资金的内容。

（1）银行汇票存款。

由出票银行签发的，由其在见票时按照实际结算金额无条件支付给收款人或者持票人的票据。

（2）银行本票存款。

由银行签发的，承诺自己在见票时无条件支付确定的金额给收款人或者持票人的票据。

（3）信用卡存款。

企业为取得信用支付而存入银行信用卡专户的款项。

（4）存出投资款。

企业已存入证券公司专款账户但尚未进行投资的资金。

（5）外埠存款。

企业为了到外地进行临时或零星采购，而汇往采购地银行开立采购专户的款项。

2.1.3 货币资金的核算内容

货币资金核算包括“库存现金”“银行存款”“其他货币资金”三个会计科目，各科目进行明细核算，借记增加贷记减少，期末余额在借方，表示期末货币资金的实有数。

会计科目	核算内容
库存现金	库存现金通常是指存放于企业财会部门、由出纳人员经管的货币 库存现金是企业流动性最强的资产，企业应当严格遵守国家有关现金管理制度，正确进行现金收支的核算，监督现金使用的合法性与合理性 为了全面、连续地反映和监督库存现金的收支和结存情况，企业应当设置现金总账和现金日记账，分别进行企业库存现金的总分类核算和明细分类核算
银行存款	银行存款是企业存放在银行或其他金融机构的货币资金 企业应根据业务需要，按照规定在其所在地银行开设账户，运用所开设的账户，进行存款、取款以及各种收支转账业务的结算 企业应当设置银行存款总账和银行存款日记账，分别进行银行存款的总分类账核算和明细分类核算。企业可按开户银行和其他金融机构、存款种类等设置“银行存款日记账”，根据收付款凭证，按照业务的发生顺序逐笔登记。每日终了，应结出余额
其他货币资金	其他货币资金是指企业除现金、银行存款以外的其他各种货币资金，主要包括银行汇票存款、银行本票存款、信用卡存款、信用证保证金存款和外埠存款等

2.2 库存现金的核算

2.2.1 库存现金收支的核算

1. 库存现金收支的核算内容。

业务类型	会计分录
库存现金增加	借：库存现金 　贷：相关科目
库存现金减少	借：相关科目 　贷：库存现金

2. 库存现金收支的核算示范。

【例 2－1】苏州七维物流有限公司 2013 年 3 月 1 日收到应收账款 15 000 元。

账务处理如下：

记账凭证

2013 年 3 月 1 日　　第＊＊＊＊号

摘要	总账科目	明细科目	三级明细	借方	贷方	记账
收回劳务款	库存现金			15 000		
	应收账款				15 000	
附件：　张						
合计				15 000	15 000	

会计主管：×××　记账：×××　复核：×××　出纳：×××　制单：×××

【例 2－2】苏州七维物流有限公司 2013 年 3 月 2 日将收取的现金 30 000 元送存银行。

账务处理如下：

记账凭证

2013 年 3 月 2 日　　　　第＊＊＊＊号

摘要	总账科目	明细科目	三级明细	借方	贷方	记账
送存现金	银行存款	建行城中支行		30 000		
	库存现金				30 000	
附件：　张						
合计				30 000	30 000	

会计主管：××× 记账：××× 复核：××× 出纳：××× 制单：×××

2.2.2 库存现金清查的核算

1. 库存现金清查的核算内容。

业务类型		会计分录
现金短缺	发现现金短缺时	借：待处理财产损溢 贷：库存现金
	查明原因（或无法查明原因）后	借：管理费用（或其他应收款） 贷：待处理财产损溢
现金溢余	发现现金溢余时	借：库存现金 贷：待处理财产损溢
	查明原因（或无法查明原因）后	借：待处理财产损溢 贷：营业外收入（或其他应付款）

2. 库存现金清查的核算示范。

【例 2－3】2013 年 3 月 31 日，苏州七维物流有限公司组织现金盘点，并编制现金盘点表，发现现金短缺 100 元。经查明，原因为出纳人员宋涛失职造成的，经批准由出纳人员赔偿。

账务处理如下：

记账凭证

2013 年 3 月 31 日　　　　第＊＊＊＊号

摘要	总账科目	明细科目	三级明细	借方	贷方	记账
现金盘亏	待处理财产损溢	待处理流动资产损溢		100		
	库存现金				100	
附件：　张						
合计				100	100	

会计主管：×××　记账：×××　复核：×××　出纳：×××　制单：×××

记账凭证

2013 年 3 月 31 日　　　　第＊＊＊＊号

摘要	总账科目	明细科目	三级明细	借方	贷方	记账
出纳赔偿	其他应收款	宋涛		100		
	待处理财产损溢	待处理流动资产损溢			100	
附件：　张						
合计				100	100	

会计主管：×××　记账：×××　复核：×××　出纳：×××　制单：×××

【例 2－4】2013 年 6 月 30 日，苏州七维物流有限公司组织现金盘点，并编制现金盘点表，发现现金盈余 300 元，经查，原因不明，经批准转入营业外收入。

账务处理如下：

记账凭证

2013 年 6 月 30 日　　　　第＊＊＊＊号

摘要	总账科目	明细科目	三级明细	借方	贷方	记账
现金盘盈	库存现金			300		
	待处理财产损溢	待处理流动资产损溢			300	
附件：　张						
合计				300	300	

会计主管：××× 记账：××× 复核：××× 出纳：××× 制单：×××

记账凭证

2013 年 6 月 30 日　　　　第＊＊＊＊号

摘要	总账科目	明细科目	三级明细	借方	贷方	记账
批准转收入	待处理财产损溢	待处理流动资产损溢		300		
	营业外收入				300	
附件：　张						
合计				300	300	

会计主管：××× 记账：××× 复核：××× 出纳：××× 制单：×××

2.3 银行存款的核算

2.3.1 银行存款结算的核算

1. 银行存款结算的核算内容。

业务类型	会计分录
将款项存入银行时	借：银行存款 贷：有关科目
提取现金或支付款项时	借：相关科目 贷：银行存款

2. 银行存款结算的核算示范。

【例 2－5】2013 年 3 月 6 日，苏州七维物流有限公司收到客户支付的 100 000 运输费，并与当天将银行转账支票存到银行。

账务处理如下：

记账凭证

2013 年 3 月 6 日　　　　第＊＊＊＊号

摘要	总账科目	明细科目	三级明细	借方	贷方	记账
收到款项	银行存款	建行城中支行		100 000		
	应收账款	苏州佳能电器设备有限公司			100 000	
附件：　张						
合计				100 000	100 000	

会计主管：××× 记账：××× 复核：××× 出纳：××× 制单：×××

【例 2－6】2013 年 3 月 15 日，苏州七维物流有限公司从银行提取现金 40 000 元。

账务处理如下：

记账凭证

2013 年 3 月 15 日　　　　　　　　　　　　　　第＊＊＊＊号

摘要	总账科目	明细科目	三级明细	借方	贷方	记账
提取现金	库存现金			40 000		
	银行存款	建行城中支行			40 000	
附件：　张						
合计				40 000	40 000	

会计主管：×××　记账：×××　复核：×××　出纳：×××　制单：×××

2.3.2 银行存款余额调节表的编制

1. 银行存款余额调节表的编制内容。

银行存款余额调节表，是在银行对账单余额与企业账面余额的基础上，各自加上对方已收、本单位未收账项数额，减去对方已付、本单位未付账项数额，以调整双方余额使其一致的一种调节表。银行存款余额调节表的调节内容有四项：

（1）企业银行存款账面余额＋银行已收而企业未收款项；

（2）企业银行存款账面余额－银行已付而企业未付款项；

（3）银行对账单存款余额＋企业已收而银行未收账项；

（4）银行对账单存款余额－企业已付而银行未付账项。

2. 银行存款余额调节表的编制示范。

【例2－7】2013 年 3 月 20 日，苏州七维物流有限公司银行存款日记账的账面余额为 84 000 元，银行对账单上的企业银行存款的余额是 113 000 元。经逐笔核对后发现有以下几笔未达账项：

（1）企业于 19 日将从客户收到的转账支票 60 000 元已送交银行，企业已入账，银行尚未入账。

（2）企业于 15 日开出转账支票 45 000 元，企业已付款入账，但持票人尚未到银行办理转账，银行尚未入账。

（3）银行收到电汇款项 48 000 元，银行已经收款入账，但企业尚未收到银行收款通知，尚未入账。

(4) 银行为企业代付物业水电费 4 000 元，企业尚未收到银行付款通知，尚未入账。

根据上述资料，编制的银行存款余额调节表如下：

银行存款余额调节表

2013 年 5 月 20 日

项目	金额（元）	项目	金额（元）
企业银行存款日记账余额	84 000	银行对账单余额	113 000
加：银行已收、企业未收款	48 000	加：企业已收、银行未收款	60 000
减：银行已付、企业未付款	4 000	减：企业已付、银行未付款	45 000
调节后的存款余额	128 000	调节后的存款余额	128 000

2.4 其他货币资金的核算

2.4.1 银行存款结算的核算内容

业务类型	会计分录
其他货币资金增加时	借：其他货币资金 　贷：银行存款
其他货币资金减少时	借：有关科目 　贷：其他货币资金

2.4.2 银行存款结算的核算示范

【例 2－8】苏州七维物流有限公司购买运输车一辆，2013 年 3 月 17 日向银行申请办理银行汇票，将银行存款 150 000 元转作银行汇票存款。

账务处理如下：

记账凭证

2013 年 3 月 17 日　　　　第 * * * * 号

摘要	总账科目	明细科目	三级明细	借方	贷方	记账
取得银行汇票	其他货币资金	银行汇票		150 000		
	银行存款	建行城中支行			150 000	
附件：　张						
合计				150 000	150 000	

会计主管：××× 记账：××× 复核：××× 出纳：××× 制单：×××

【例 2 –9】2013 年 3 月 25 日，苏州七维物流有限公司办理车辆手续，车辆实际结算金额为 140 400 元，当日收到银行多余款收账通知，汇票多余金额 9 600 元已退回公司账户。

账务处理如下：

记账凭证

2013 年 3 月 25 日　　　　第 * * * * 号

摘要	总账科目	明细科目	三级明细	借方	贷方	记账
退回多余款	银行存款	建行城中支行		9 600		
购车辆	固定资产	东风大卡		120 000		
	应交税费	应交增值税	进项税额	20 400		
	其他货币资金	银行汇票			150 000	
附件：　张						
合计				150 000	150 000	

会计主管：××× 记账：××× 复核：××× 出纳：××× 制单：×××

第3章

往来款项的会计核算

往来款项是以会计手段反映的企业在生产经营过程中因发生供销产品、提供或接受劳务而形成的债权、债务关系的记录，它表示的是企业收款的权利或付款的义务，具有法律效力。加强各种往来款的管理，可有效地防止虚盈或潜亏，有利于真实地反映企业的经营成果。

狭义的往来款项包括应收账款、应付账款、预收账款、预付账款、其他应收款和其他应付款；广义的往来款项还包括应收票据、应付票据、应付职工薪酬、应交税费、长期应收款、长期应付款等。本章对狭义的往来款项进行核算示范。

3.1 资产类往来款项科目的核算

往来款项中应收账款、其他应收款、预付账款等属于资产类科目，借记增加贷记减少，期末一般为借方余额，反映企业尚未收回的款项；如果期末余额在贷方，则反映企业预收的款项。

3.1.1 应收账款的核算

应收账款是指企业因销售商品或提供劳务等经营活动，应向购货单位或接受劳务单位收取的款项，主要包括企业销售商品或提供劳务等应向有关债务人收取的价款及代购货单位垫付的包装费、运杂费等。

1. 应收账款的计价。

（1）应收账款计价的内容。

在一般情况下，应收账款的入账金额是供求双方在成交时的实际发生额。含有折扣条件的销售方式，应收账款的计价还要考虑折扣因素。折扣有两种类型，即商业折扣和现金折扣。

①商业折扣。

商业折扣是指企业提供劳务时，对特定的客户在提供劳务的价格上给予的一定的优惠。由于商业折扣是从提供劳务的价格中直接扣除的，所以，提供劳务的企业要按实际折扣以后的金额作为应收账款的入账价值。商业折扣在购销双方的账面上无需另作反映。

②现金折扣。

现金折扣是企业为了鼓励客户在一定期限内早日偿还款项而给予的一种折扣优惠。现金折扣通常用下述形式来表示：2/10、1/20、n/30。表示的意思是信用期为 30 天，如果在 10 天之内付款可给予 2% 的现金折扣，20 天内付款可给予 1% 的现金折扣。

我国现行会计核算中，在存在现金折扣的情况下是按总价法确定应收账款的入账价值，也就是要按现金折扣前的总价格来确定应收账款的入账金额。现金折扣发生时，将折扣的部分计入财务费用。

（2）应收账款计价的示范。

【例 3-1】2013 年 4 月 13 日，苏州七维物流有限公司承接苏州连江商场一批鲜果运输业务，自海南运往苏州。依据路程及运输吨位等核算运输费用为不含税 12 000 元，由于是长期合作单位，公司给予其 10% 的商业折扣，实际运费为不含税 10 800 元。增值税税率为 11%，税额为 1188 元。

同时，公司规定享受现金折扣的条件为“2/10，1/20，n/30”，该商场于2013年4月18日一次性以银行存款付清全款。

账务处理如下：

记账凭证

2013年4月13日　　　　第＊＊＊＊号

摘要	总账科目	明细科目	三级明细	借方	贷方	记账
确认承运收入	应收账款	连江商场		11 988		
	主营业务收入				10 800	
	应交税费	应交增值税	销项税额		1 188	
附件：　张						
合计				11 988	11 988	

会计主管：×××　记账：×××　复核：×××　出纳：×××　制单：×××

记账凭证

2013年4月18日　　　　第＊＊＊＊号

摘要	总账科目	明细科目	三级明细	借方	贷方	记账
收到款项	银行存款	建行城中支行		11 748.24		
现金折扣	财务费用	手续费		239.76		
	应收账款	连江商场			11 988.00	
附件：　张						
合计				11 988.00	11 988.00	

会计主管：×××　记账：×××　复核：×××　出纳：×××　制单：×××

2. 应收账款的核算示范。

（1）应收账款的核算内容。

业务类型	会计分录
应收账款增加时	借：应收账款 　贷：相关科目
应收账款减少时	借：有关科目 　贷：应收账款

（2）应收账款的核算示范。

【例3－2】苏州七维物流有限公司承接的张家港新华贸易有限公司运输业务于2013年5月5日运达目的地，运费4 440元，款项未收；6月10日，收到张家港新华贸易有限公司支票一张，金额4 440元，并于当日存入银行。

账务处理如下：

记账凭证

2013年5月5日　　　　第＊＊＊＊号

摘要	总账科目	明细科目	三级明细	借方	贷方	记账
确认收入	应收账款	张家港新华贸易有限公司		4 440		
	主营业务收入				4 000	
	应交税费	应交增值税	销项税额		440	
附件：　张						
合计				4 440	4 440	

会计主管：×××　记账：×××　复核：×××　出纳：×××　制单：×××

记账凭证

2013年6月10日　　　　第＊＊＊＊号

摘要	总账科目	明细科目	三级明细	借方	贷方	记账
收到货款	银行存款	建行城中支行		4 440		
	应收账款	张家港新华贸易有限公司			4 440	
附件：　张						
合计				4 440	4 440	

会计主管：×××　记账：×××　复核：×××　出纳：×××　制单：×××

3.1.2 预付账款的核算

预付账款是指企业按照合同规定预付的账款，将来由购进商品、接受劳务或者取消业务予以转销。

1. 预付账款的核算内容。

业务类型	会计分录
预付账款增加时	借：预付账款 贷：相关科目
预付账款减少时	借：有关科目 贷：预付账款

2. 预付账款的核算示范。

【例3－3】2013年4月23日，苏州七维物流有限公司为便于车辆加油，预付苏州石化油气有限公司柴油费50 000元，用于结算。

账务处理如下：

记账凭证

2013年4月23日　　第＊＊＊＊号

摘要	总账科目	明细科目	三级明细	借方	贷方	记账
预付柴油款	预付账款	苏州石化油气有限公司		50 000		
	银行存款				50 000	
附件：　张						
合计				50 000	50 000	

会计主管：×××　记账：×××　复核：×××　出纳：×××　制单：×××

【例3－4】2013年5月8日，苏州七维物流有限公司结算部分柴油款，收到苏州石化油气有限公司开具的发票，价税合计46 800元，余款用于以后结算。

账务处理如下：

记账凭证

2013 年 5 月 8 日　　　　第＊＊＊＊号

摘要	总账科目	明细科目	三级明细	借方	贷方	记账
结算柴油款	劳务成本	柴油		40 000		
	应交税费	应交增值税	进项税额	6 800		
	预付账款	苏州石化油气有限公司			46 800	
附件：　　张						
合计				46 800	46 800	

会计主管：×××　记账：×××　复核：×××　出纳：×××　制单：×××

3.1.3 其他应收款的核算

其他应收款是指企业除应收票据、应收账款、预付账款等以外的其他各种应收及暂付款项。其主要包括：应收的各种赔款、罚款，应收的出租包装物租金，应向职工收取的各种垫付款项，存出保证金，其他各种应收、暂付款项。

在具体核算时，现有公司核定一定数额的备用金，借记“其他应收款——备用金”，贷记“库存现金”。报销各类款项时，不是从贷方冲销“其他应收款”，而是贷记“库存现金”用于补足已经花费的“备用金”。

1. 其他应收款的核算内容。

业务类型	会计分录
其他应收款增加时	借：其他应收款 　贷：相关科目
其他应收款减少时	借：有关科目 　贷：其他应收款

2. 其他应收款的核算示范。

（1）非备用金管理模式核算。

【例 3－5】2013 年 4 月 26 日，苏州七维物流有限公司管理部门职工宋涛因出差预借差旅费2 000元。

账务处理如下：

记账凭证

2013年4月26日　　　　第＊＊＊＊号

摘要	总账科目	明细科目	三级明细	借方	贷方	记账
预支宋涛差旅费	其他应收款	宋涛		2 000		
	库存现金				2 000	
附件：　张						
合计				2 000	2 000	

会计主管：××× 记账：××× 复核：××× 出纳：××× 制单：×××

【例2－6】承上例，2013年5月3日，宋涛出差回来报销差旅费，实际支出1 600元，多余的款项退回。

账务处理如下：

记账凭证

2013年5月3日　　　　第＊＊＊＊号

摘要	总账科目	明细科目	三级明细	借方	贷方	记账
宋涛报销差旅费	管理费用	差旅费		1 600		
	库存现金			400		
	其他应收款	宋涛			2 000	
附件：　张						
合计				2 000	2 000	

会计主管：××× 记账：××× 复核：××× 出纳：××× 制单：×××

（2）备用金管理模式核算。

【例3－7】2013年4月26日，苏州七维物流有限公司管理部门职工宋涛采用备用金制度，备用金额度为2 000元，当日拨付备用金。

账务处理如下：

记账凭证

2013 年 4 月 26 日　　　　第＊＊＊＊号

摘要	总账科目	明细科目	三级明细	借方	贷方	记账
拨付宋涛备用金	其他应收款	备用金	宋涛	2 000		
	库存现金				2 000	
附件：　张						
合计				2 000	2 000	

会计主管：××× 记账：××× 复核：××× 出纳：××× 制单：×××

【例 3－8】2013 年 5 月 3 日，宋涛出差回来报销差旅费，实际支出 1 600 元，多余的款项无需退回，报销时直接支付现金补足备用金。

账务处理如下：

记账凭证

2013 年 5 月 3 日　　　　第＊＊＊＊号

摘要	总账科目	明细科目	三级明细	借方	贷方	记账
宋涛报销差旅费	管理费用	差旅费		1 600		
	库存现金				1 600	
附件：　张						
合计				1 600	1 600	

会计主管：××× 记账：××× 复核：××× 出纳：××× 制单：×××

3.2 负债类往来款项科目的核算

往来款项中应付账款、预收账款、其他应付款等属于负债类科目，借记减少贷记增加，期末余额一般在贷方，表示企业尚未支付的账款余额；如果期末余额在借方，则反映企业预付的款项。

3.2.1 应付账款的核算

应付账款是指企业因购买材料、商品或接受劳务供应等经营活动应支付的款项。应付账款一般应在与所购买物资所有权相关的主要风险和报酬已经转移，或者所购买的劳务已经接受时确认。

1. 应付账款的核算内容。

业务类型	会计分录
应付账款增加时	借：相关科目 　贷：应付账款
应付账款减少时	借：应付账款 　贷：有关科目

2. 应付账款的核算示范。

【例 3－9】2013 年 4 月 23 日，苏州七维物流有限公司向苏州东风车辆维修有限公司结算车辆改造与维修款 200 000 元，增值税 34 000 元。苏州东风车辆维修有限公司开具发票，款项尚未支付。

账务处理如下：

记账凭证

2013 年 4 月 23 日　　　　第＊＊＊＊号

摘要	总账科目	明细科目	三级明细	借方	贷方	记账
车辆维修改造	劳务成本	维修费		200 000		
	应交税费	应交增值税	进项税额	34 000		
	应付账款	苏州东风车辆维修有限公司			234 000	
附件：　张						
合计				234 000	234 000	

会计主管：×××　记账：×××　复核：×××　出纳：×××　制单：×××

【例3－10】2013年5月12日，苏州七维物流有限公司以银行存款支付所欠车辆维修改造款234 000元。

账务处理如下：

记账凭证

2013年5月12日　　　　第＊＊＊＊号

摘要	总账科目	明细科目	三级明细	借方	贷方	记账
支付货款	应付账款	苏州东风车辆维修有限公司		234 000		
	银行存款	建行城中支行			234 000	
附件：　张						
合计				234 000	234 000	

会计主管：×××　记账：×××　复核：×××　出纳：×××　制单：×××

3.2.2 预收账款的核算

预收账款是指企业按照合同规定向购货单位预收的款项。与应付账款不同，预收账款所形成的负债不是以货币偿还，而是以货物偿付。

1. 预收账款的核算内容。

业务类型	会计分录
预收账款增加时	借：相关科目 　贷：预收账款
预收账款减少时	借：预收账款 　贷：有关科目

2. 预收账款的核算示范。

【例3－11】2013年5月30日，张家港新华贸易有限公司为获得苏州七维物流有限公司的优惠运输价格，预付运输费50 000元，用于以后结算。苏州七维物流有限公司将预收款项存入银行。

账务处理如下：

记账凭证

2013年5月30日　　第＊＊＊＊号

摘要	总账科目	明细科目	三级明细	借方	贷方	记账
预收运费	银行存款	建行城中支行		50 000		
	预收账款	张家港新华贸易有限公司			50 000	
附件：　张						
合计				50 000	50 000	

会计主管：××× 记账：××× 复核：××× 出纳：××× 制单：×××

【例3－12】2013年6月10日，苏州七维物流有限公司结算张家港新华贸易有限公司运费40 000元，并开具增值税发票价税合计44 400元。

账务处理如下：

记账凭证

2013年6月10日　　第＊＊＊＊号

摘要	总账科目	明细科目	三级明细	借方	贷方	记账
确认收入	预收账款	张家港新华贸易有限公司		44 400		
	主营业务收入				40 000	
	应交税费	应交增值税	销项税额		4 400	
附件：　张						
合计				44 400	44 400	

会计主管：××× 记账：××× 复核：××× 出纳：××× 制单：×××

3.2.3 其他应付款的核算

其他应付款是指企业在主要业务以外发生的应付和暂收款项。指企业除应付票据、应付账款、预收账款等以外的应付、暂收其他单位或个人的款项。

1. 其他应付款的核算内容。

业务类型	会计分录
其他应付款增加时	借：相关科目 　贷：其他应付款
其他应付款减少时	借：其他应付款 　贷：有关科目

2. 其他应付款的核算示范。

【例3－13】2013年4月30日，苏州七维物流有限公司租用一场地用于货物存放，租金2 000元，款项尚未支付。

账务处理如下：

记账凭证

2013年4月30日　　　　第＊＊＊＊号

摘要	总账科目	明细科目	三级明细	借方	贷方	记账
租赁场地	销售费用	租赁费		2 000		
	其他应付款	苏州鸿运建筑有限公司			2 000	
附件：　张						
合计				2 000	2 000	

会计主管：×××　记账：×××　复核：×××　出纳：×××　制单：×××

【例3－14】2013年5月30日，苏州七维物流有限公司场地租期已满，以银行存款支付租赁费2 000元。

账务处理如下：

记账凭证

2013 年 5 月 30 日　　　　第＊＊＊＊号

摘要	总账科目	明细科目	三级明细	借方	贷方	记账
支付租赁费	其他应付款	苏州鸿运建筑有限公司		2 000		
	银行存款	建行城中支行			2 000	
附件：　张						
合计				2 000	2 000	

会计主管：××× 　记账：××× 　复核：××× 　出纳：××× 　制单：×××

第4章

存货的会计核算

存货是指企业在经营过程中为销售、耗用而储备的库存商品、低值易耗品、包装物以及提供劳务过程中已经归集但尚未结算结转的劳务成本等。本章对存货进行相关的概述，并对低值易耗品、包装物、库存商品、劳务成本进行相关的会计核算示范。

4.1 存货概述

存货是指企业在日常活动中持有以备出售或耗用的库存商品、低值易耗品、包装物等。当与该存货有关的经济利益很可能流入企业且该存货的成本能够可靠地计量时，会计上确认为存货。

4.1.1 存货的种类

物流企业的存货种类主要有：

1. 库存商品。

库存商品是指企业外购或委托加工完成验收入库用于销售或使用的各种商品。

2. 包装物。

包装物是指为了包装本企业的商品而储备的各种包装容器，如桶、箱、瓶、坛、袋等。其主要作用是包装、装载产品或商品。

3. 低值易耗品。

低值易耗品是指不能作为固定资产核算的各种用具物品，如工具、管理用具、玻璃器皿、劳动保护用品，以及在经营过程中周转使用的容器等。其特点是单位价值较低，或使用期限相对于固定资产较短，在使用过程中保持其原有实物形态基本不变。

4. 委托代销商品。

委托代销商品是指企业委托其他单位代销的商品。

5. 在途物资。

在途物资是指企业从外购进，货款已经支付，但尚在运输途中或虽已到达但尚未验收入库的商品。

6. 劳务成本。

劳务成本是指企业提供劳务过程中归集的已经发生但尚未结转为损益的营业成本。

4.1.2 存货的核算方法

1. 计划成本法。

计划成本法指存货的收入、发出和结余均按预先制定的计划成本计价，同时另设“成本差异”科目，对计划成本和实际成本的差额进行登记、分摊并按期结转，期末将发出和结存存货的成本调整为与实际成本一致的一种计价方法。

2. 实际成本法。

实际成本法指存货的收入、发出和结余均按其实际成本确定。一般适用于规模较小、存货品种简单、采购业务不多的企业。

实际成本法下又分为个别计价法、先进先出法、月末一次加权平均法、移动加权平均法等。

(1) 先进先出法。

先进先出法是以先购入的存货应先发出（销售或耗用）这样一种存货实物流转假设为前提，对发出存货进行计价。采用这种方法，先购入的存货成本在后购入存货成本之前转出，据此确定发出存货和期末存货的成本。

先进先出法的优点是使企业不能随意挑选存货计价以调整当期利润，缺点是工作比较繁琐，特别是对于存货进出频繁的企业更是如此，而且当物价上涨时，会高估企业当期利润和库存存货价值；反之，会低估企业存货价值和当期利润。

(2) 移动加权平均法。

移动加权平均法，是指以每次进货的成本加上原有库存存货的成本，除以每次进货数量与原有库存存货的数量之和，据以计算加权平均单位成本，作为在下次进货前计算各次发出存货成本的依据。计算公式如下：

本次进货后的移动加权平均单位成本 =（原有库存存货的实际成本 + 本次进货的实际成本）÷（原有库存存货数量 + 本次进货数量）

发出存货的成本 = 本次发货的数量 × 存货移动加权平均单位成本

本月月末库存存货成本 = 月末库存存货的数量 × 本月月末存货移动加权平均单位成本

(3) 月末一次加权平均法。

月末一次加权平均法，是指以当月全部进货数量加上月初存货数量作为权数，去除当月全部进货成本加上月初存货成本，计算出存货的加权平均单位成本，以此为基础计算当月发出存货的成本和期末存货的成本的一种方法。

存货单位成本 =（月初库存存货的实际成本 + 本月各批进货实际成本之和）÷（月初库存存货数量 + 本月各批进货数量之和）

本月发出存货的成本 = 本月发出存货的数量 × 存货单位成本

本月月末库存存货成本 = 月末库存存货的数量 × 存货单位成本

(4) 个别计价法。

个别计价法，亦称个别认定法、具体辨认法、分批实际法，其特征是注重所发出存货具体项目的实物流转与成本流转之间的联系，逐一辨认各批发出存货和期末存货所属的购进批别或生产批别，分别按其购入或生产时所确定的单位成本计算各批发出存货和期末存货的成本。

个别计价法计算发出存货的成本和期末存货的成本比较合理、准确，但前提是需要对发出和结存存货的批次进行具体认定，以辨别其所属的收入批次，所以，实务操作的工作量繁重，困难较大。适用于一般不能替代使用的存货以及为特定项目专门购入或制造的存货。

4.1.3 存货的计价

存货的入账价值是按照取得存货时的实际成本确定。存货的取得方式不同，其成本的确定方法也有一定的区别。

1. 外购存货的计价。

企业的外购存货主要是库存商品。外购存货的成本就是存货的采购成本，指企业物资从采购到入库前所发生的全部费用。

存货的采购成本主要包括购买价款、相关税费、运输费、装卸费、保险费以及其他可归属于存货采购成本的费用。

（1）购买价款。

是指企业购入商品的发票账单上列明的价款，但不包括按规定可以抵扣的增值税税额。

（2）相关税费。

是指企业购买、自制或委托加工存货所发生的消费税、资源税和不能从增值税销项税额中抵扣的进项税额等。

（3）其他可归属于存货采购成本的费用。

是指在存货采购过程中发生的仓储费、包装费、运输途中的合理损耗、入库前的挑选整理费用等。

其他可归属于存货采购成本的费用，能分清负担对象的应直接计入存货的采购成本；不能分清负担对象的，选择合理的分配方法，分配计入有关存货的采购成本，分配方法通常包括按所购存货的重量或采购价格的比例进行分配。

2. 其他方式取得的存货的计价。

企业取得存货的其他方式主要包括接受投资者投资、非货币性资产交换、债务重组、企业合并以及存货盘盈等。

非货币性资产交换、债务重组和企业合并等取得的存货的成本，分别按照“非货币性资产交换”“债务重组”及有关企业会计准则的规定确定。

投资者投入存货的成本，按照投资合同或协议约定的价值确定，但合同或协议约定的价值存在内部交易的因素，不符合公允要求的除外。

通过提供劳务取得的存货，其成本按从事劳务提供人员的直接人工和其他直接费用以及可归属于该存货的间接费用确定。

3. 存货的期末计价。

（1）计价方式。

资产负债表日，存货应当按照成本与可变现净值孰低计量。

（1）存货成本。

存货的成本是指期末存货的实际成本。如企业在存货成本的日常核算中采用计划成本法、售价金额核算法等简化核算方法，则成本应为经调整后的实际成本。

（2）可变现净值。

可变现净值是指在日常活动中，存货的估计售价减去至完工时估计将要发生的成本、估计的销售费用以及相关税费后的金额。存货在销售过程中可能发生的销售费用和相关税费，以及为达到预定可销售状态还可能发生的加工成本等相关支出，构成现金流入的抵减项目。企业预计的销售存货现金流量，扣除这些抵减项目后，才能确定存货的可变现净值。

（2）会计处理。

存货成本高于其可变现净值的，应当计提存货跌价准备，计入当期损益。存货成本低于其可变现净值的，仍按历史成本计价，不进行账务处理。

4.2 周转材料的核算

周转材料是企业经营过程中能多次反复周转使用，并基本保持其物质形态或经过整理便可以保持或回复实物形态的材料。周转材料大多是直接从外部购入的，具有劳动资料的性质，使用期限较短、价值较低、领用频繁，一般作为流动资产进行管理和核算。

4.2.1 周转材料核算概述

1. 周转材料的分类。

依据《企业会计准则》和《小企业会计准则》的规定，将低值易耗品和包装物作为“周转材料”一级会计科目下设的两个明细科目进行核算，但在一般企业会计实务中，也有部分企业依然将低值易耗品和包装物作为一级会计科目使用。

本书将遵照《企业会计准则》和《小企业会计准则》的规定，将低值易耗品和包装物作为“周转材料”一级会计科目下设的两个明细科目，统一作为周转材料进行会计核算。

（1）低值易耗品。

低值易耗品包括：①通用工具；②专用工具；③替换设备；④ 管理用具；⑤包装容器；⑥劳保用品；⑦其他。

（2）包装物。

包装物是指为包装本企业产品而储存，并准备随同产品出售或出租出借给购货单位的各种包装容器，如桶、箱、瓶、袋等。

2. 周转材料的摊销方法。

周转材料的摊销方法分为：一次摊销法、五五摊销法、分期摊销法，从会计处理和数据计算上，五五摊销法应该属于分期摊销的特殊类型，也就是分两期摊销。

（1）一次摊销法。

在领用周转材料时，将其价值一次、全部计入有关资产成本或者当期损益。适用于价值较低或极易损坏的低值易耗品的摊销。

（2）五五摊销法。

在领用时先摊销其账面价值的一半，在报废时再摊销其账面价值的另一半，即低值易耗品分两次各按50%进行摊销。这种方法既适用于价值较低、使用年限较短的低值易耗品，也适用于每期领用数量和报废数量大致相等的低值易耗品。

（3）分期摊销法。

将发出低值易耗品的价值按其使用年限根据权责发生制进行分期摊销的方法。适用于使用年限较长、单位价值较高或一次领用数量较大的低值易耗品。例如：脚手架、跳板、塔吊轻轨、枕木等周转材料。

3. 周转材料的核算类型。

设置周转材料科目是核算企业库存和在用的各种周转材料的实际成本或计划成本。其借方核算企业库存及在用周转材料的计划成本或实际成本，贷方核算周转材料摊销价值及盘亏、报废、毁损等原因减少的周转材料价值。期末余额反映企业期末所有在库周转材料的计划成本或实际成本以及在用周转材料的摊余价值。

由于周转材料在经营中能反复使用，它的价值是逐渐转移到销售费用或成本中的，一般采用分次摊销法。在核算上既要反映它的原值，又要反映它的损耗价值。因此，对周转材料应在“周转材料——低值易耗品”“周转材料——包装物”两个二级明细科目下设置“在库周转材料”“在用周转材料”和“周转材料摊销”等三级专栏科目，并按周转材料的种类设置明细账，进行明细核算。

对于价值较低、易于损坏的周转材料采用一次摊销法，因其价值直接转入相关成本费用，所以不设置三级专栏明细科目核算，而是设置到二级明细科目。

业务类型	会计处理
入库时	借：周转材料——低值易耗品（在库周转材料） 贷：银行存款/应付账款
领用时	借：周转材料——低值易耗品（在用周转材料） 贷：周转材料——低值易耗品（在库周转材料）

续表

业务类型		会计处理
使用完毕退库时		借：周转材料——低值易耗品（在库周转材料） 贷：周转材料——低值易耗品（在用周转材料）
摊销时或提前报废残料价值分摊时	出租周转材料使用	借：其他业务成本 贷：周转材料——低值易耗品（周转材料摊销）
	企业经营管理使用	借：管理费用 贷：周转材料——低值易耗品（周转材料摊销）
	提供劳务周转材料领用	借：劳务成本 贷：周转材料——低值易耗品（周转材料摊销）
价值摊销完毕时		借：周转材料——低值易耗品（周转材料摊销） 贷：周转材料——低值易耗品（在用周转材料）

（1）取得包装物的会计核算。

企业购入、自制、委托外单位加工完成验收入库的包装物、企业接受的债务人以非现金资产抵偿债务方式取得的包装物、非货币性交易取得的包装物等。

（2）发出包装物的会计核算。

业务类型	核算原则	会计处理
领用	提供劳务周转材料领用	借：劳务成本 贷：周转材料——低值易耗品（××）
随同产品出售单独计价的包装物	出售包装物确认收入	借：银行存款 贷：其他业务收入 应交税费——应交增值税（销项税额）
	结转包装物成本	借：其他业务成本 贷：周转材料——包装物
随同产品出售不单独计价的包装物	该包装物的费用应由销货单位负担，作为销售产品的包装费用	借：销售费用——包装物 贷：周转材料——包装物

续表

业务类型	核算原则	会计处理
出租包装物	转出成本	借：其他业务成本——出租包装物 待摊费用（价值大，使用时间长时） 贷：周转材料——包装物
	收取押金	借：银行存款 贷：其他应付款
	收取租金	借：银行存款/其他应收款 贷：其他业务收入——出租包装物
	没收押金	借：其他应付款 贷：其他业务收入——出租包装物 应交税金——应交增值税（销项税额）
	包装物报废时，按残料价值	借：原材料 贷：其他业务成本——出租包装物
出借包装物	发出时	借：销售费用——出借包装物 待摊费用（价值较大时） 贷：周转材料——包装物
	收取及没收押金	同“出租包装物”的处理
	包装物报废时，其残料价值冲减销售费用	借：原材料 贷：销售费用

4.2.2 周转材料核算示范

【例 4－1】苏州七维物流有限公司 2013 年 6 月 10 日购进一批办公用品，归类为低值易耗品作为日常办公使用，当天用现金结算价款 3 000 元。

账务处理如下：

记账凭证

2013年6月10日　　　　第＊＊＊＊号

摘要	总账科目	明细科目	三级明细	借方	贷方	记账
购办公用品	周转材料	低值易耗品		3 000		
	库存现金				3 000	
附件：　张						
合计				3 000	3 000	

会计主管：×××　记账：×××　复核：×××　出纳：×××　制单：×××

【例4－2】2013年6月11日，管理部门将购进的3 000元办公用品全部领用，由于金额比较小，采用一次摊销法对其进行摊销。

账务处理如下：

记账凭证

2013年6月11日　　　　第＊＊＊＊号

摘要	总账科目	明细科目	三级明细	借方	贷方	记账
领用办公用品	管理费用			3 000		
	周转材料	低值易耗品			3 000	
附件：　张						
合计				3 000	3 000	

会计主管：×××　记账：×××　复核：×××　出纳：×××　制单：×××

【例4－3】2013年6月11日，业务部门将购进的1 000元打包带、捆绑绳全部领用，由于金额比较小，采用一次摊销法对其进行摊销。

账务处理如下：

记账凭证

2013 年 6 月 11 日　　　　第＊＊＊＊号

摘要	总账科目	明细科目	三级明细	借方	贷方	记账
运输业务领用	劳务成本			1 000		
	周转材料	低值易耗品			1 000	
附件：　张						
合计				1 000	1 000	

会计主管：×××　记账：×××　复核：×××　出纳：×××　制单：×××

【例 4－4】2013 年 6 月 15 日，苏州七维物流有限公司领用办公家具，实际成本为 4 000 元，采用五五摊销法进行摊销。

账务处理如下：

记账凭证

2013 年 6 月 15 日　　　　第＊＊＊＊号

摘要	总账科目	明细科目	三级明细	借方	贷方	记账
领用办公桌椅	周转材料	低值易耗品	在用	4 000		
	周转材料	低值易耗品	在库		4 000	
附件：　张						
合计				4 000	4 000	

会计主管：×××　记账：×××　复核：×××　出纳：×××　制单：×××

采用五五摊销法，在领用时摊销 50%，即 2 000 元。

记账凭证

2013年6月15日　　第＊＊＊＊号

摘要	总账科目	明细科目	三级明细	借方	贷方	记账
摊销低值易耗品	管理费用			2 000		
	周转材料	低值易耗品	摊销		2 000	
附件：　张						
合计				2 000	2 000	

会计主管：×××　记账：×××　复核：×××　出纳：×××　制单：×××

在报废时，摊销另外的50%，同时还要将“周转材料——低值易耗品——摊销”余额冲掉，做会计分录如下：

借：周转材料——低值易耗品——摊销

　贷：周转材料——低值易耗品——在用

4.3 存货清查的核算

存货清查是指会计期末对企业存货进行实地盘点、实物清查、账项核对，对盘盈、盘亏情况作出处理意见并进行相关账务处理的工作。

4.3.1 存货清查的方法

依据《企业会计准则》和《小企业会计准则》的规定，存货的清查分为实地盘存制和永续盘存制两种方法。

1. 实地盘存制。

（1）实地盘存制的概念。

实地盘存制也称定期盘存制，指会计期末通过对全部存货进行实地盘点，以确定期末存货的结存数量，然后分别乘以各项存货的盘存单价，计算出期末存货的总金额，记入各有关存货科目，倒轧本期已耗用或已销售存货的成本。

（2）实地盘存制的具体操作。

实地盘存制在具体操作时，平时对有关存货科目只记借方不记贷方，每一期末，通过实地盘点确定存货数量，据以计算期末存货成本，然后计算出当期耗用或销货的成本，记入有关存货科目的贷方。

该方法的理论依据为“以存计耗”或“盘存计耗”。其基本的计算公式为：期初存货 + 本期购货 = 本期耗用 + 期末存货。

2. 永续盘存制。

（1）永续盘存制的概念。

永续盘存制也称账面盘存制，指对存货项目设置经常性的库存记录，即分别品名、规格设置存货明细账，逐笔或逐日地登记收入发出的存货，并随时记列结存数。

（2）永续盘存制的具体操作。

永续盘存制在具体操作时，通过会计账簿资料，就可以完整地反映存货的收入、发出和结存情况。在没有发生丢失和被盗的情况下，存货账户的余额应当与实际库存相符。永续盘存制并不排除对存货的实物盘点，每年至少应当对存货进行一次全面盘点，具体盘点次数视企业内部控制要求而定。

4.3.2 存货清查的会计核算

存货清查的结果分为三种类型。

第一，账实相符。

该结果无需进行账务调整。

第二，盘盈。

盘盈时，应按规定的程序报经公司有关部门批准后才能做出处理，在批准处理以前，一般先根据盘盈的存货，按同类或类似存货的成本计价入账调整存货账面记录。

第三，盘亏。

盘亏时，应按规定的程序报经公司有关部门批准后才能做出处理，在批准处理以前，一般先根据盘亏的存货，按同类或类似存货的成本计价冲销调整存货账面记录。

1. 核算类型。

业务类型		会计处理
盘点时	盘盈时	借：库存商品/周转材料等 　贷：待处理财产损溢——待处理流动资产损溢
	盘亏时	借：待处理财产损溢——待处理流动资产损溢 　贷：库存商品/周转材料等

续表

业务类型		会计处理
处理时	盘盈的存货查明原因	借：待处理财产损溢——待处理流动资产损溢 　贷：相关原因账户
	盘亏的存货查明原因	借：相关原因账户 　贷：待处理财产损溢——待处理流动资产损溢
	盘盈的存货无法查明原因	借：待处理财产损溢——待处理流动资产损溢 　贷：管理费用
	盘亏的存货无法查明原因	借：营业外支出 　贷：待处理财产损溢——待处理流动资产损溢

2. 核算示范。

【例4－5】2013年4月30日，苏州七维物流有限公司进行财产清查。盘点存货，发现甲商品盘盈，根据市场价值计算成本为3 000元，盘盈原因待查。

账务处理如下：

记账凭证

2013年4月30日　　　　第＊＊＊＊号

摘要	总账科目	明细科目	三级明细	借方	贷方	记账
存货盘盈	库存商品	甲商品		3 000		
	待处理财产损溢	待处理流动资产损溢			3 000	
附件：　张						
合计				3 000	3 000	

会计主管：×××　记账：×××　复核：×××　出纳：×××　制单：×××

【例4－6】承【例4－5】，2013年5月10日，苏州七维物流有限公司查明，盘盈的商品系收发时的计量误差所致，经批准冲销企业的管理费用。

账务处理如下：

记账凭证

2013 年 5 月 10 日　　　　第＊＊＊＊号

摘要	总账科目	明细科目	三级明细	借方	贷方	记账
甲商品盘盈处理	待处理财产损益	待处理流动资产损益		3 000		
	管理费用				3 000	
附件：　张						
合计				3 000	3 000	

会计主管：×××　记账：×××　复核：×××　出纳：×××　制单：×××

【例4－7】2013 年5 月31 日，苏州七维物流有限公司进行财产清查。盘点存货，发现甲商品盘亏，盘亏商品的实际成本为1 000 元，盘亏原因待查。

账务处理如下：

记账凭证

2013 年 5 月 31 日　　　　第＊＊＊＊号

摘要	总账科目	明细科目	三级明细	借方	贷方	记账
存货盘亏	待处理财产损溢	待处理流动资产损溢		1 000		
	库存商品	甲商品			1 000	
附件：　张						
合计				1 000	1 000	

会计主管：×××　记账：×××　复核：×××　出纳：×××　制单：×××

【例4－8】承【例4－7】，2013 年6 月8 日，苏州七维物流有限公司查明，盘亏的甲商品系定额内合理损耗，批准作为管理费用列支。

账务处理如下：

记账凭证

2013 年 6 月 8 日　　　　第＊＊＊＊号

摘要	总账科目	明细科目	三级明细	借方	贷方	记账
甲商品盘亏处理	管理费用			1 000		
	待处理财产损溢	待处理流动资产损溢			1 000	
附件：　张						
合计				1 000	1 000	

会计主管：××× 记账：××× 复核：××× 出纳：××× 制单：×××

【例 4－9】2013 年 4 月 26 日，苏州七维物流有限公司电视机仓库因发生水灾进行财产清查。其中，周转材料毁损额按实际成本计算为 7 000 元，周转材料的存货及应税劳务的进项税额为 1 190 元，并通知保险公司。

账务处理如下：

记账凭证

2013 年 4 月 26 日　　　　第＊＊＊＊号

摘要	总账科目	明细科目	三级明细	借方	贷方	记账
材料盘亏	待处理财产损溢	待处理流动资产损溢		8 190		
	周转材料				7 000	
	应交税费	应交增值税	进项税额转出		1 190	
附件：　张						
合计				8 190	8 190	

会计主管：××× 记账：××× 复核：××× 出纳：××× 制单：×××

【例4－10】承【例4－9】，2013 年 4 月 30 日，苏州七维物流有限公司对水灾造成的周转材料损失已经作出处理决定，残料估值 1 000 元，可以由保险公司赔偿的损失为 5 000 元，由企业负担的损失为 2 190 元。

账务处理如下：

记账凭证

2013 年 4 月 30 日　　　　第＊＊＊＊号

摘要	总账科目	明细科目	三级明细	借方	贷方	记账
产品盘亏处理	周转材料			1 000		
	其他应收款	保险公司		5 000		
	营业外支出			2 190		
	待处理财产损溢	待处理流动资产损溢			8 190	
附件：　张						
合计				8 190	8 190	

会计主管：×××　记账：×××　复核：×××　出纳：×××　制单：×××

4.4 存货跌价准备的核算

4.4.1 存货跌价准备的概述

1. 存货的期末计量原则。

资产负债表日，存货应当按照成本与可变现净值孰低计量。

当存货成本低于可变现净值时，存货按成本计量；当存货成本高于可变现净值时，存货按可变现净值计量，同时按照成本高于可变现净值的差额计提存货跌价准备，计入当期损益。

成本与可变现净值孰低计量的理论基础主要是使存货符合资产的定义。当存货的可变现净值跌至成本以下时，表明该存货会给企业带来的未来经济利益低于其账面成本，因而应将这部分损失从资产价值中扣除，计入当期损益。否则，存货的可变现净值低于成本时，如果仍然以其成本计量，就会出现虚计资产的现象。

（1）存货的可变现净值低于成本。

存货存在下列情形之一的，通常表明存货的可变现净值低于成本。

①该存货的市场价值持续下跌，并且在可预见的未来无回升的希望。

②企业使用该项库存商品生产的产品的成本大于产品的销售价格。

③企业因产品更新换代，原有库存商品已不适应新产品的需要，而该库存商品的市场价格又低于其账面成本。

④因企业所提供的商品或劳务过时或消费者偏好改变而使市场的需求发生变化，导致市场价格逐渐下跌。

⑤其他足以证明该项存货实质上已经发生减值的情形。

（2）存货的可变现净值为零。

存货存在下列情形之一的，通常表明存货的可变现净值为零。

①已霉烂变质的存货。

②已过期且无转账价值的存货。

③生产中已不再需要，并且已无使用价值和转让价值的存货。

④其他足以证明已无使用价值和转让价值的存货。

2. 可变现净值的确定。

可变现净值，是指在日常活动中，存货的估计售价减去估计的销售费用以及相关税费后的金额。存货的可变现净值由存货的估计售价、至完工时将要发生的估计销售费用和相关税费等内容构成。

（1）存货估计售价的确定。

对于企业持有的各类存货，在确定其可变现净值时，最关键的问题是确定估计售价。企业应当区别情况确定存货的估计售价。

为执行销售合同或者劳务合同而持有的存货，通常应当以产成品或商品的合同价格作为估计售价。如果持有存货的数量多于销售合同订购数量的，超出部分的存货应当以一般销售价格为估计售价。

没有销售合同约定的存货，应当以商品一般销售价格（即市场销售价格）作为估计售价。

（2）计提存货跌价准备的方法。

资产负债表日，同一项存货中一部分有合同价格约定、其他部分不存在合同价格的，应当分别确定其可变现净值，并与其对应的成本进行比较，分别确定存货跌价准备的计提或转回的金额，由此计提的存货跌价准备不得相互抵销。

①单项比较法。

单项比较法也称逐项比较法或个别比较法，指对库存的每一种存货的成本与可变现净值逐项进行比较，每项存货均取较低数确定期末的存货成本。企业通常应当按照单个存货项目计提存货跌价准备。

②分类比较法。

分类比较法也称类比法，指按存货类别的成本与可变现净值进行比较，每类存货取其较低数确定期末的存货成本。适用于数量繁多、单价较低的存货。

③综合比较法。

综合比较法也称总额比较法，指按全部存货的总成本与可变现净值总额相比较，以较低数作为期末全部存货的成本。适用于与在同一地区生产和销售的产品系列相关、具有相同或类似最终用途或目的，且难以与其他项目分开计算的存货。

3. 存货跌价准备的转回。

资产负债表日，企业应当确定存货的可变现净值。企业确定存货的可变现净值，应当以资产负债表日的状况为基础确定，既不能提前确定存货的可变现净值，也不能延后确定资产的可变现净值，并且在每一个资产负债表日都应当重新确定存货的可变现净值。

企业的存货在符合条件的情况下，可以转回计提的存货跌价准备。存货跌价准备转回的条件是以前减记存货价值的影响因素已经消失，而不是在当期造成存货可变现净值高于成本的其他影响因素。

当符合存货跌价准备转回的条件时，应在原已计提的存货跌价准备的金额内转回。转回的存货跌价准备与计提该准备的存货项目应当存在直接对应关系，但转回的金额以将存货跌价准备余额冲减至零为限。

4. 存货跌价准备的结转。

企业计提了存货跌价准备，如果其中有部分存货已经销售，则企业在结转销售成本时，应同时结转对其已计提的存货跌价准备。对于因债务重组、非货币性资产交换转出的存货，也应同时结转已计提的存货跌价准备。如果按存货类别计提存货跌价准备的，应当按照发生销售、债务重组、非货币性资产交换等而转出存货的成本占该存货未转出前该类别存货成本的比例结转相应的存货跌价准备。

4.4.2 存货跌价准备的核算

【例4-11】苏州七维物流有限公司采用单项比较法进行存货成本与可变现净值的比较。2011年12月31日，A、B两种存货的成本分别为400 000元、270 000元，可变现净值分别为360 000元、300 000元。

对于A存货，其成本400 000元高于可变现净值360 000元，应计提存货跌价准备40 000元（400 000-360 000）。

对于B存货，其成本270 000元低于可变现净值300 000元，不需计提存货跌价准备。

账务处理如下：

记账凭证

2011 年 12 月 31 日　　第＊＊＊＊号

摘要	总账科目	明细科目	三级明细	借方	贷方	记账
计提存货跌价准备	资产减值损失	存货减值损失		40 000		
	存货跌价准备				40 000	
附件：　张						
合计				40 000	40 000	

会计主管：×××　记账：×××　复核：×××　出纳：×××　制单：×××

【例 4－12】承【例 4－11】，假设 2013 年年末，存货的种类和数量、账面成本和已计提的存货跌价准备未发生变化，但是，2011 年以来 A 存货市场价格持续上升，市场前景明显好转，可以判断以前造成减记存货价值的影响因素已经消失，减记的金额应当在原已计提的存货跌价准备金额内予以恢复。

账务处理如下：

记账凭证

2011 年 12 月 31 日　　第＊＊＊＊号

摘要	总账科目	明细科目	三级明细	借方	贷方	记账
存货跌价准备转回	存货跌价准备			40 000		
	资产减值损失	存货减值损失			40 000	
附件：　张						
合计				40 000	40 000	

会计主管：×××　记账：×××　复核：×××　出纳：×××　制单：×××

【例 4－13】2013 年 4 月 30 日，苏州七维物流有限公司根据“周转材料出库汇总表”记载当月已领用的打包带实际成本 2 080 元；领用运输用篷布实际成本 3 640 元。

该批周转材料已经计提的存货跌价准备为 200 元。

账务处理如下：

记账凭证

2013 年 4 月 30 日　　　　第＊＊＊＊号

摘要	总账科目	明细科目	三级明细	借方	贷方	记账
结转劳务成本	劳务成本			5 520		
	存货跌价准备			200		
	库存商品	打包带			2 080	
	库存商品	篷布			3 640	
附件：　张						
合计				5 720	5 720	

会计主管：×××　记账：×××　复核：×××　出纳：×××　制单：×××

第5章

长期资产的会计核算

长期资产是企业拥有的变现周期在一年以上或者一个营业周期以上的资产（非流动资产）。长期资产主要包括固定资产、无形资产、投资性房地产和长期股权投资等。

5.1 长期资产概述

5.1.1 长期资产的特征

长期资产是可以在一年或超过一年的一个营业周期以上变现或者耗用的资产。

长期资产主要有以下特点：

1. 周转时间长。

长期资产的变现周期一般在一年或者超过一年的一个营业周期。

2. 效益高。

长期资产能够长期为企业带来现金流量，为企业创造价值。

3. 风险大。

长期资产的运转周期长，未来的不确定性加大了其风险。

5.1.2 长期资产的核算内容

长期资产类会计科目包括：“固定资产”“无形资产”“投资性房地产”和“长期股权投资”等，各科目按照明细进行核算，借记增加贷记减少，期末一般为借方余额。

1. 固定资产。

核算企业固定资产的原价（成本）。“固定资产”科目应按照根据企业会计准则规定的固定资产标准，结合本企业的具体情况，制定固定资产目录，作为核算依据。期末借方余额，反映企业固定资产的原价（成本）。

2. 无形资产。

核算企业持有的无形资产成本。本科目应按照无形资产项目进行明细核算。本科目期末借方余额，反映企业无形资产的成本。

3. 投资性房地产。

核算投资性房地产的价值，包括采用成本模式计量的投资性房地产或采用公允价值模式计量的投资性房地产。

4. 长期股权投资。

核算企业准备长期持有的权益性投资。“长期股权投资”科目应按照被投资单位进行明细核算，期末借方余额，反映企业持有的长期股权投资的成本。

因为中小企业很少涉及长、短期投资项目的核算，所以本书不对长、短期投资展开示范。

5.2 固定资产的核算

5.2.1 入账价值的确认

企业外购固定资产的成本，包括购买价款、相关税费、使固定资产达到预定可使用状态前所发生的可归属于该项资产的运输费、装卸费、安装费和专业人员服务费。

以一笔款项购入多项没有单独标价的固定资产，应当按照各项固定资产的公允价值比例对总成本进行分配，分别确定各项固定资产的成本。

购入固定资产超过正常信用条件延期支付价款、实质上具有融资性质的，按应付购买价值的现值，借记“固定资产”或“在建工程”科目，按应支付的金额，贷记“长期应付款”科目，按其差额，借记“未确认融资费用”科目。

1. 外购固定资产。

（1）购入不需要安装的固定资产。

购入不需要安装的固定资产，按应计入固定资产成本的金额借记“固定资产”科目，贷记“银行存款”等科目。

（2）购入需要安装的固定资产。

购入需要安装的固定资产，先计入“在建工程”科目，达到预定可使用状态时再转入“固定资产”科目。

2. 自行建造的固定资产。

自行建造的固定资产，按建造该项资产达到预定可使用状态前所发生的必要支出作为入账价值。建造该项资产达到预定可使用状态前所发生的必要支出包括工程物资成本、人工成本、交纳的相关税费、应予以资本化的借款费用以及应分摊的间接费用等。

（1）企业为在建工程准备的各种物资。

应按实际支付的购买价款、增值税税额、运输费、保险费等相关税费，作为实际成本，并按各种专项物资的种类进行明细核算。

（2）企业的自营工程。

应当按照直接材料、直接人工、直接机械施工费等计量；采用出包工程方式的企业，按照应支付的工程价款等计量。

（3）设备安装工程。

按照所安装设备的价值、工程安装费用、工程试运转等所发生的支出等确定工程成本。

5.2.2 固定资产的折旧

1. 折旧计提原则。

(1) 一般原则。

固定资产应当按月计提折旧，当月增加的固定资产，当月不计提折旧，从下月起计提折旧；当月减少的固定资产，当月仍然计提折旧，从下月起不再计提折旧。

(2) 特殊规定。

固定资产提足折旧后，不论能否继续使用，均不再计提折旧；提前报废的固定资产，也不再补提折旧。

已达到预定可使用状态但尚未办理竣工决算的固定资产，应当按照估计价值确定其成本，并计提折旧，待办理竣工决算后，再按实际成本调整原来的暂估价值，但不需要调整原已计提的折旧额。

2. 折旧计提方法。

(1) 平均年限法。

将固定资产的可折旧价值平均分摊于其可折旧年限内。适用于在各个会计期间使用程度比较均衡的固定资产。

其计算公式为：

年折旧额 =（固定资产原值 - 预计净残值）÷预计使用年限

月折旧额 = 年折旧额 ÷12

(2) 工作量法。

根据固定资产在使用期间完成的总工作量平均计算折旧的一种方法。

其计算公式为：

单位工作量折旧额 =（固定资产原值 - 预计净残值）÷预计总工作量

= 固定资产原值×（1 - 预计净残值率）÷预计总工作量

月折旧额 = 单位工作量折旧额×当月实际完成工作量

(3) 双倍余额递减法。

在不考虑固定资产净残值的情况下，用直线法折旧率的两倍作为固定的折旧率乘以逐年递减的固定资产期初净值，得出各年应提折旧额的方法。

其计算公式为：

年折旧率（双倍直线折旧率）=（2÷预计使用年限）×100%

年折旧额 = 期初固定资产账面净值×双倍直线折旧率

由于每年年初固定资产净值没有扣除预计净残值，因此，在应用这种方法计算折旧额时必须注意不能使固定资产的账面折余价值降低到其预计净残值以下，即实行双倍余额递减法计算折旧的固定资产，应在其折旧年限到期前两年内，将固定资产净值扣除预计净残值后的余额平均摊销。

(4) 年限总和法。

以固定资产的原值减去预计净残值后的净额为基数，以一个逐年递减的分数为折旧率，计算各年固定资产折旧额。

各年折旧率，是以固定资产尚可使用年限做分子，以固定资产使用年限的逐年数字之和做分母。

计算公式为：

年折旧率 = 尚可使用年限 ÷ 预计使用年限的逐年数字总和

年折旧额 = （固定资产原值 - 预计净残值）×年折旧率

月折旧额 = （固定资产原值 - 预计净残值）×月折旧率

5.2.3 固定资产的处置

1. 一般处置方式核算内容。

(1) 注销账面的固定资产。

出售、报废和毁损等原因减少的固定资产，首先应注销账面的固定资产，按减少的固定资产账面价值，借记“固定资产清理”科目，按已计提折旧，借记“累计折旧”科目，按已计提的减值准备，借记“固定资产减值准备”科目，按固定资产的原价，贷记“固定资产”科目。

(2) 清理费用。

对于清理过程中发生的费用以及应交的税金，借记“固定资产清理”科目，贷记“银行存款”“应交税费”等科目。

(3) 残料价值和变价收入。

对于收回出售固定资产的价款、毁损报废取得的残料价值和变价收入等，借记：“银行存款”“库存商品”等科目，应当由保险公司或过失人赔偿的损失，借记“其他应收款”等科目，贷记“固定资产清理”科目。

(4) 固定资产清理净收益。

固定资产清理后的净收益，区别情况处理：属于筹建期间的，冲减长期待摊费用，借记“固定资产清理”科目，贷记“长期待摊费用”科目；属于生产经营期间的，计入损益，借记“固定资产清理”科目，贷记“营业外收入——处理固定资产净收益”科目。

(5) 固定资产清理净损失。

固定资产清理后的净损失，区别情况处理：属于筹建期间的，计入长期待摊费用，借记“长期待摊费用”科目，贷记“固定资产清理”科目；属于生产经营期间由于自然灾害等非正常原因造成的损失，借记“营业外支出——非正常损失”科目，贷记

“固定资产清理”科目；属于生产经营期间正常的处理损失，借记“营业外支出——处理固定资产净损失”科目，贷记“固定资产清理”科目。

2. 其他方式减少的固定资产。

企业持出售的固定资产，应当调整其预计净残值，但不得超过其账面价值。原账面价值高于预计净残值的差额，应作为资产减值损失计入当期损益。其他方式减少的固定资产，如以固定资产清偿债务、投资转出的固定资产、以非货币性资产交换固定资产等，分别按照债务重组、非货币性资产交换等的处理原则进行核算。

5.2.4 固定资产的清查

1. 盘盈固定资产核算。

在固定资产清查过程中发现的盘盈固定资产，经查明确属企业所有后应确定固定资产重置价值，并为其重新建立固定资产卡片。

企业盘盈的固定资产，作为会计差错处理：

借：固定资产

　贷：以前年度损益调整

2. 盘亏固定资产核算。

在固定资产清查过程中发现盘亏的固定资产，应根据账面价值借记“待处理财产损溢”科目，根据已计提折旧借记“累计折旧”科目，根据原值贷记“固定资产”科目。待有关部门审批之后：

借：营业外支出

　贷：待处理财产损溢

5.2.5 固定资产的减值

固定资产在资产负债表日存在可能发生减值的迹象时，其可收回金额低于账面价值的，企业应当将该固定资产的账面价值减记至可收回金额，减记的金额确认为减值损失，计入当期损益，同时计提相应的资产减值准备。

借：资产减值损失——计提的固定资产减值准备

　贷：固定资产减值准备

固定资产减值损失一经确认，在以后的会计期间不得转回。

5.2.6 固定资产业务核算示范

【例5-1】2013年10月11日，苏州七维物流有限公司购入一货车以供平时的业务需要，取得机动车销售统一发票，价税合计93 600元，其中增值税13 600元。

账务处理如下：

记账凭证

2013年10月11日　　　　第＊＊＊＊号

摘要	总账科目	明细科目	三级明细	借方	贷方	记账
购货车	固定资产	货车		80 000		
	应交税费	应交增值税	进项税额	13 600		
	银行存款	建行城中支行			93 600	
附件：　张						
合计				93 600	93 600	

会计主管：×××　记账：×××　复核：×××　出纳：×××　制单：×××

【例5-2】2013年1月31日，苏州七维物流有限公司的一辆货车已到规定的使用年限，决定实行报废。该设备原值200 000元，已提折旧180 000元，因使用期满经批准报废。

账务处理如下：

记账凭证

2013年1月31日　　　　第＊＊＊＊号

摘要	总账科目	明细科目	三级明细	借方	贷方	记账
清理固定资产	固定资产清理			20 000		
	累计折旧			180 000		
	固定资产	轿车			200 000	
附件：　张						
合计				200 000	200 000	

会计主管：×××　记账：×××　复核：×××　出纳：×××　制单：×××

【例5－3】承上例，该报废设备运送至废旧物资收购地，支付运费1 000元。

账务处理如下：

记账凭证

2013年1月31日 第＊＊＊＊号

摘要	总账科目	明细科目	三级明细	借方	贷方	记账
清理固定资产	固定资产清理			1 000		
	库存现金				1 000	
附件： 张						
合计				1 000	1 000	

会计主管：××× 记账：××× 复核：××× 出纳：××× 制单：×××

【例5－4】承上例，该报废设备运送至废旧物资收购地，取得废品收入支票10 000元。

账务处理如下：

记账凭证

2013年1月31日 第＊＊＊＊号

摘要	总账科目	明细科目	三级明细	借方	贷方	记账
清理固定资产	银行存款			10 000		
	固定资产清理				10 000	
附件： 张						
合计				10 000	10 000	

会计主管：××× 记账：××× 复核：××× 出纳：××× 制单：×××

【例5－5】承上例，该报废设备清理完毕，将“固定资产清理”转入“营业外支出”。

账务处理如下：

记账凭证

2013年1月31日　　　　第＊＊＊＊号

摘要	总账科目	明细科目	三级明细	借方	贷方	记账
清理固定资产	营业外支出			11 000		
	固定资产清理				11 000	
附件：　张						
合计				11 000	11 000	

会计主管：×××　记账：×××　复核：×××　出纳：×××　制单：×××

【例5-6】2013年12月31日，某车辆原值120 000元，净残值12 000元，已计提折旧20 000元，经检测确认发生减值损失。可收回现值为80 000元，应计提减值准备20 000元。

账务处理如下：

记账凭证

2013年12月31日　　　　第＊＊＊＊号

摘要	总账科目	明细科目	三级明细	借方	贷方	记账
确认减值	资产减值损失			20 000		
	固定资产减值准备				20 000	
附件：　张						
合计				20 000	20 000	

会计主管：×××　记账：×××　复核：×××　出纳：×××　制单：×××

【例5-7】2013年12月31日，计提办公楼折旧63 000元，办公车辆折旧15 000元。

账务处理如下：

记账凭证

2013 年 12 月 31 日　　第＊＊＊＊号

摘要	总账科目	明细科目	三级明细	借方	贷方	记账
计提折旧	管理费用			78 000		
	累计折旧				78 000	
附件：　张						
合计				78 000	78 000	

会计主管：×××　记账：×××　复核：×××　出纳：×××　制单：×××

5.3 无形资产的核算

5.3.1 无形资产的初始计量

1. 外购无形资产。

外购无形资产的购买价款、相关税费以及直接归属于使该项资产达到预定用途所发生的其他支出。

购买无形资产的价款超过正常信用条件延期支付、实质上具有融资性质的，以购买价款的现值为基础确定。实际支付的价款与购买价款的现值之间的差额，除按照《企业会计准则第 17 号——借款费用》应予资本化的以外，应当在信用期间内计入当期损益。

账务处理为：

借：无形资产

　贷：银行存款等科目

2. 自行开发的无形资产。

自行开发的无形资产自满足本准则第四条和第九条规定后达到预定用途前所发生的支出总额，但是对于以前期间已经费用化的支出不再调整。

账务处理为：

借：无形资产

贷：研发支出

3. 投资者投入的无形资产。

投资者投入的无形资产按照投资合同或协议约定的价值确定，但合同或协议约定的价值不公允的除外。

账务处理为：

借：无形资产

贷：实收资本

盈余公积（合同或协议约定的价值超出资本份额）

4. 其方式取得的无形资产。

非货币性资产交换、债务重组、政府补助和企业合并取得的无形资产，分别按照《企业会计准则第 7 号——非货币性资产交换》《企业会计准则第 12 号——债务重组》《企业会计准则第 16 号——政府补助》和《企业会计准则第 20 号——企业合并》确定期价值。

5.3.2 无形资产的处置

因出售、报废、对外投资等原因处置无形资产。处置可能产生净收益，也可能导致净损失，其账务处理为：

（1）处置收益：

借：银行存款

累计摊销

贷：应交税费

无形资产

营业外收入——处置非流动资产净收益

（2）处置损失：

借：银行存款

累计摊销

营业外支出——处置非流动资产净损失

贷：应交税费

无形资产

5.3.3 无形资产的摊销

1. 无形资产摊销的方法。

由于企业的无形资产在公允价值计量模式法下不摊销，则成本计量模式法下应当在规定的期限内平均摊销，所以，资产的摊销方法采用平均法。计算公式如下：

无形资产年摊销额＝无形资产的原值÷无形资产的有效使用年限

无形资产月摊销额＝无形资产年摊销额÷12

2. 无形资产摊销的年限。

无形资产摊销年限的规定

合同对无形资产摊销年限的确定	应确定的摊销年限
合同规定了受益年限但法律没有规定有效年限的	按不超过合同规定的受益年限摊销
合同没有规定受益年限而法律规定了有效年限的	按不超过法律规定的有效年限摊销
合同规定了受益年限，法律也规定了有效年限的	按不超过受益年限和有效年限两者之中较短者
合同没有规定受益年限，法律也没有规定有效年限的	每年进行减值测试

5.3.4 无形资产核算示范

【例5－8】2013年1月22日，苏州七维物流有限公司购入一项专利权，年限为10年，实际支付价款400 000元，所有款项已用银行存款支付。

账务处理如下：

记账凭证

2013年1月22日　　　　第＊＊＊＊号

摘要	总账科目	明细科目	三级明细	借方	贷方	记账
购入专利权	无形资产	专利权		400 000		
	银行存款	建行城中支行			400 000	
附件：　张						
合计				400 000	400 000	

会计主管：×××　记账：×××　复核：×××　出纳：×××　制单：×××

【例5-9】承【例5-8】，2013年1月31日摊销无形资产。

账务处理如下：

记账凭证

2013年1月22日　　　　第＊＊＊＊号

摘要	总账科目	明细科目	三级明细	借方	贷方	记账
摊销	管理费用			3 333.33		
	累计摊销				3 333.33	
附件：　张						
合计				3 333.33	3 333.33	

会计主管：×××　记账：×××　复核：×××　出纳：×××　制单：×××

【例5-10】2013年1月26日，苏州七维物流有限公司将拥有的一项专利权出售，取得收入600 000元。该专利权的账面数值为400 000元，已摊销100 000元。

转让专利权应交营业税＝600 000×5%＝30 000（元）

账务处理如下：

记账凭证

2013年1月26日　　　　第＊＊＊＊号

摘要	总账科目	明细科目	三级明细	借方	贷方	记账
出售专利权	银行存款	建行城中支行		600 000		
	累计摊销			100 000		
	无形资产	专利权			400 000	
	应交税费	应交营业税			30 000	
	营业外收入	处置无形资产净收益			270 000	
附件：　张						
合计				700 000	700 000	

会计主管：×××　记账：×××　复核：×××　出纳：×××　制单：×××

5.4 投资性房地产的核算

5.4.1 投资性房地产的初始计量

1. 外购投资性房地产。

投资性房地产的入账价值为购买价款、相关税费和可直接归属于该资产的其他支出。只有在购入房地产的同时开始对外出租（自租赁期开始日起，下同）或用于资本增值，才能称之为外购的投资性房地产。

2. 自建投资性房地产。

投资性房地产的入账价值由建造该资产达到预定可使用状态前发生的必要支出构成。只有在自行建造或开发活动完成（即达到预定）才能称之为自建的投资性房地产。

5.4.2 投资性房地产的核算模式

1. 成本模式计量核算。

（1）购入核算。

外购的投资性房地产或自行建造的投资性房地产达到预定可使用状态时，按照其实际成本，借记“投资性房地产”，贷记“银行存款”“在建工程”等。

（2）取得收入。

取得租金收入时，借记“银行存款”等，贷记“其他业务收入”等。

（3）计算成本。

按期（月）计提折旧或进行摊销时，借记“其他业务成本”等，贷记“投资性房地产累计折旧（摊销）”。

（4）计提减值。

经减值测试后确定发生减值的，借记“资产减值损失”，贷记“投资性房地产减值准备”。

（5）投资性房地产的处置。

①收到处置款：

借：银行存款

　贷：其他业务收入

②转出投资性房地产：

借：其他业务成本

贷：投资性房地产

应交税费

2. 公允模式计量核算。

（1）购入核算。

按取得的成本确认投资性房地产价值，按实际成本，借记“投资性房地产（成本）”，贷记“银行存款”“在建工程”等。

（2）取得收入。

取得投资性房地产的租金收入，借记“银行存款”等，贷记“其他业务收入”等。

（3）价值变动。

平常不对投资性房地产计提折旧或摊销，只需要在会计期末按照公允价值调整其账面价值。当资产负债表日，投资性房地产的公允价值高于原账面价值的差额，借记“投资性房地产（公允价值变动）”科目，贷记“公允价值变动损益”科目；公允价值低于原账面价值的差额，作相反的会计分录。

（4）投资性房地产的处置。

①收到处置款：

借：银行存款

贷：其他业务收入

②转出投资性房地产：

借：其他业务成本

贷：投资性房地产（成本）

应交税费

投资性房地产（公允价值变动）（可能在借方）

③结转公允价值变动损溢：

借：公允价值变动损溢

贷：其他业务收入

或，

借：其他业务成本

贷：公允价值变动损溢

5.4.3 投资性房地产核算示范

【例5－11】苏州七维物流有限公司2010年12月份购入一写字楼，并一次性支付全部购房款500万元，于12月31日办完所有购房手续，由于之前早已达成协议，于当天将写字楼出租给某公司，公司决定将这一写字楼作为投资性房地产，并采用公允价值模式对该出租的写字楼进行后续计量。

账务处理如下：

记账凭证

2010年12月31日　　　　第＊＊＊＊号

摘要	总账科目	明细科目	三级明细	借方	贷方	记账
购写字楼出租	投资性房地产	写字楼	成本	5 000 000		
	银行存款	建行城中支行			5 000 000	
附件：　张						
合计				5 000 000	5 000 000	

会计主管：××× 记账：××× 复核：××× 出纳：××× 制单：×××

【例5－12】承【例5－11】，2011年12月31日，苏州七维物流有限公司收取租金15万元，该建筑物的公允价值为505万元。

账务处理如下：

记账凭证

2011年12月31日　　　　第＊＊＊＊号

摘要	总账科目	明细科目	三级明细	借方	贷方	记账
收取租金	银行存款	建行城中支行		150 000		
	其他业务收入	房租			150 000	
公允价值变动	投资性房地产	公允价值变动		50 000		
	公允价值变动损益				50 000	
附件：　张						
合计				200 000	200 000	

会计主管：××× 记账：××× 复核：××× 出纳：××× 制单：×××

【例5－13】承【例5－12】，2012年12月31日，苏州七维物流有限公司收取苏州海望贸易有限公司租金15万元，该建筑物的公允价值为498万元。

账务处理如下：

记账凭证

2012年12月31日　　第＊＊＊＊号

摘要	总账科目	明细科目	三级明细	借方	贷方	记账
收取租金	银行存款	建行城中支行		150 000		
	其他业务收入	房租			150 000	
公允价值变动	公允价值变动损益			70 000		
	投资性房地产	公允价值变动			70 000	
附件：　张						
合计				220 000	220 000	

会计主管：××× 记账：××× 复核：××× 出纳：××× 制单：×××

【例5－14】承【例5－13】，2013年1月5日，苏州七维物流有限公司将写字楼收回并对外出售，收到550万元存入银行。假定不考虑相关税费。

账务处理如下：

记账凭证

2013年1月5日　　第＊＊＊＊号

摘要	总账科目	明细科目	三级明细	借方	贷方	记账
出售房地产	银行存款	建行城中支行		5 500 000		
	其他业务收入				5 500 000	
结转成本	其他业务成本			4 980 000		
	投资性房地产	公允价值变动		20 000		
	投资性房地产	成本			5 000 000	
	其他业务成本			20 000		
	公允价值变动损益				20 000	
附件：　张						
合计				10 520 000	10 520 000	

会计主管：××× 记账：××× 复核：××× 出纳：××× 制单：×××

【例5－15】苏州七维物流有限公司将一闲置写字楼用于出租，作为投资性房地产进行会计核算，一直采用成本模式进行计量。2013年10月，苏州七维物流有限公司将该写字楼出售，收到价款500万元，出售时，该写字楼的成本为400万元，已计提折旧50万元。

账务处理如下：

记账凭证

2013年10月10日　　　　第＊＊＊＊号

摘要	总账科目	明细科目	三级明细	借方	贷方	记账
出售写字楼	银行存款	建行城中支行		5 000 000		
	其他业务收入				5 000 000	
结转成本	其他业务成本			3 500 000		
	投资性房地产累计折旧			500 000		
	投资性房地产	成本			4 000 000	
附件：　张						
合计				9 000 000	9 000 000	

会计主管：×××　记账：×××　复核：×××　出纳：×××　制单：×××

【例5－16】苏州七维物流有限公司对外出租的一写字楼，于2013年7月31日到期，经双方协议不再续租，自8月1日开始，将作为该公司的办公写字楼自用。截至到7月底，该写字楼账面数值1 500 000元，其中，账面原值1 700 000元，已计提折旧200 000元。在会计处理上一直采用成本模式计量。

账务处理如下：

记账凭证

2013年8月1日　　　　第＊＊＊＊号

摘要	总账科目	明细科目	三级明细	借方	贷方	记账
收回对外出租写字楼	固定资产	写字楼		1 700 000		
	投资性房地产累计折旧			200 000		
	投资性房地产	写字楼			1 700 000	
	累计折旧				200 000	
附件：　张						
合计				1 900 000	1 900 000	

会计主管：×××　记账：×××　复核：×××　出纳：×××　制单：×××

【例5－17】苏州七维物流有限公司将一自用的写字楼对外出租，于2013年10月1日与另一家企业签订一租赁协议，租赁期限5年，该公司决定将该房产由固定资产转换为以成本模式核算的投资性房地产，2013年10月1日，该资产的账面数值为1 550 000元，已计提折旧150 000元。

账务处理如下：

记账凭证

2013年10月1日　　　　第＊＊＊＊号

摘要	总账科目	明细科目	三级明细	借方	贷方	记账
对外出租7号写字楼	投资性房地产	写字楼		1 550 000		
	累计折旧			150 000		
	固定资产	写字楼			1 550 000	
	投资性房地产累计折旧				150 000	
附件：　张						
合计				1 700 000	1 700 000	

会计主管：×××　记账：×××　复核：×××　出纳：×××　制单：×××

第6章

银行借款业务的会计核算

筹资是指企业为满足生产经营资金的需要，向企业外部单位或个人筹措资金的一种财务活动。资金是企业的命脉，是企业生存和发展所不可或缺的。筹措资金有各种各样的方式，其中最常见的就是向银行或其他金融机构借款。

银行借款是企业筹资渠道之一，属于债权性筹资。主要包括短期银行借款和长期银行借款。本章讲述短期借款和长期借款两个科目的核算。筹资的另一个渠道是权益性筹资，将在后面的章节介绍。债权性筹资与权益性筹资相比具有筹资速度快、资金成本较低、筹资弹性较大等优点和筹资数额比较有限的不足。

6.1 短期借款的核算

6.1.1 短期借款的核算内容

短期借款是指企业向银行或其他金融机构借入的期限在一年以下（含一年）的各种借款。

“短期借款”科目应按照借款种类、贷款人和币种进行明细核算，期末贷方余额反映企业尚未偿还的短期借款本金。

6.1.2 短期借款的核算类型

短期借款的会计核算类型

业务类型	会计处理
借入短期借款	借记“银行存款”等，贷记“短期借款”
归还短期借款	借记“短期借款”，贷记“银行存款”
发生的短期借款利息	数额不大时，可于支付月份时借记“财务费用”，贷记“银行存款”等
	数额比较大的采用按月预提的办法，即各月末应借记“财务费用”，贷记“应付利息”；实际支付利息时，再借记“应付利息”，贷记“银行存款”

6.1.3 短期借款的核算示范

【例6-1】苏州七维物流有限公司由于资金流转的需要，于2013年3月1日向建设银行借款300 000元存入银行，借款期限为3个月，年利率为7%，利息与本金到期时一起归还，利息采用单利计息法。

账务处理如下：

记账凭证

2013年3月1日　　　　第＊＊＊＊号

摘要	总账科目	明细科目	三级明细	借方	贷方	记账
建设银行借款	银行存款	建行城中支行		300 000		
	短期借款	建行城中支行			300 000	
附件：　张						
合计				300 000	300 000	

会计主管：×××　记账：×××　复核：×××　出纳：×××　制单：×××

【例6-2】承【例6-1】，2013年5月31日，建设银行借款到期，苏州七维物流有限公司于当天分别将本金300 000元和利息5 250元支付给银行。则支付本金做如下处理。

账务处理如下：

记账凭证

2013年5月31日　　　　第＊＊＊＊号

摘要	总账科目	明细科目	三级明细	借方	贷方	记账
支付本金和利息	短期借款	建行城中支行		300 000		
	财务费用	利息支出		5 250		
	银行存款	建行城中支行			305 250	
附件：　张						
合计				305 250	305 250	

会计主管：×××　记账：×××　复核：×××　出纳：×××　制单：×××

6.2 长期借款的核算

6.2.1 长期借款的核算内容

长期借款是指企业向银行或其他金融机构借入的期限在一年以上（不含一年）的各项借款。一般用于固定资产的构建、改扩建工程、大修理工程、对外投资以及为了保持长期经营能力等方面。

“长期借款”科目应按照借款种类、贷款人和币种进行明细核算，期末贷方余额，反映企业尚未偿还的长期借款本金。

6.2.2 长期借款利息的核算类型

长期借款利息的核算类型

类型	具体的账务处理	
	分期付息到期还本	一次还本付息
属于筹建期间的，计入长期待摊费用	借：长期待摊费用 贷：应付利息	借：长期待摊费用 贷：长期借款
属于生产经营期间的，计入财务费用	借：财务费用 贷：应付利息	借：财务费用 贷：长期借款
属于发生的与固定资产购建有关的专门借款的费用，在固定资产达到预定可使用状态前按规定应予以资本化	借：在建工程 贷：应付利息	借：在建工程 贷：长期借款
固定资产达到预定可使用状态后所发生的借款费用以及按规定不能予以资本化的借款费用	借：财务费用 贷：应付利息	借：财务费用 贷：长期借款

6.2.3 长期借款的核算示范

【例6－3】苏州七维物流有限公司于2011年1月1日从银行借入资金4 000 000元，用于补充流动资金的不足，借款期限为两年，年利率8%，每年年末付息一次，到期偿还本金。所借款项已存入银行。2012年12月31日，企业如期归还该笔借款。

账务处理如下：

记账凭证

2011年1月1日　　　　第＊＊＊＊号

摘要	总账科目	明细科目	三级明细	借方	贷方	记账
取得长期借款	银行存款	建行城中支行		4 000 000		
	长期借款	建行城中支行	本金		4 000 000	
附件：　张						
合计				4 000 000	4 000 000	

会计主管：××× 记账：××× 复核：××× 出纳：××× 制单：×××

【例6-4】承【例6-3】，2011年12月31日，苏州七维物流有限公司从银行借入的4 000 000元借款应支付利息为320 000（4 000 000×8%）元，所以2011年12月31日应计提320 000的借款利息。

账务处理如下：

记账凭证

2011年12月31日　　　　第＊＊＊＊号

摘要	总账科目	明细科目	三级明细	借方	贷方	记账
计提银行借款利息	财务费用	利息支行		320 000		
	应付利息	建行城中支行			320 000	
附件：　张						
合计				320 000	320 000	

会计主管：××× 记账：××× 复核：××× 出纳：××× 制单：×××

【例6-5】承【例6-4】，2011年12月31日，苏州七维物流有限公司支付建设银行借款利息，并于当天拿到银行的利息单据。

账务处理如下：

记账凭证

2011 年 12 月 31 日　　　　第 * * * * 号

摘要	总账科目	明细科目	三级明细	借方	贷方	记账
支付借款利息	应付利息	建行城中支行		320 000		
	银行存款	建行城中支行			320 000	
附件：　　张						
合计				320 000	320 000	

会计主管：××× 记账：××× 复核：××× 出纳：××× 制单：×××

【例 6－6】承【例 6－4】，2012 年 12 月 31 日，苏州七维物流有限公司将建设银行的 4 000 000 借款全部还清。

账务处理如下：

记账凭证

2012 年 12 月 31 日　　　　第 * * * * 号

摘要	总账科目	明细科目	三级明细	借方	贷方	记账
支付银行借款本金	长期借款	建行城中支行	本金	4 000 000		
	银行存款	建行城中支行			4 000 000	
附件：　　张						
合计				4 000 000	4 000 000	

会计主管：××× 记账：××× 复核：××× 出纳：××× 制单：×××

第7章

应付职工薪酬业务的会计核算

应付职工薪酬是指企业为获得职工提供的服务而应付给职工的各种形式的报酬以及其他相关支出。

“应付职工薪酬”属于负债类科目，核算企业根据有关规定应付给职工的各种薪酬。其内容较为丰富，核算范围较为广泛，它不仅包含了职工的工资薪金，而且还将职工福利费、各项社会保险费用、住房公积金、工会经费、职工教育经费等纳入其中。

“应付职工薪酬”科目应按照“职工工资”“奖金、津贴和补贴”“职工福利费”“社会保险费”“住房公积金”“工会经费”“职工教育经费”“非货币性福利”“辞退福利”等进行明细核算。

7.1 应付职工薪酬的核算内容

应付职工薪酬会计科目包括：职工工资，奖金、津贴和补贴，职工福利费，社会保险费，住房公积金，工会经费，职工教育经费，非货币性福利，辞退福利等进行明细核算，期末贷方余额反映企业应付未付的职工薪酬。

项目	解释
职工工资	指企业支付给在本企业任职或受雇的员工的所有现金或非现金形式的劳动报酬，包括基本工资、奖金、津贴、补贴、年终加薪、加班工资，以及与员工任职或者受雇有关的其他支出
奖金、津贴和补贴	奖金一般是指职工超额完成任务，给公司或者工厂创造了更大的利润和效益，而给职工的额外报酬，是奖励性质的；津贴或者补贴，是指从事某项工作，或者地处环境艰苦，给予职工适当的补偿，比如，高原津贴、岗位津贴、物价补贴、取暖补贴等
职工福利费	指企业按工资一定比例提取出来的专门用于职工医疗、补助以及其他福利事业的经费
社会保险费	指由用人单位及其职工以个人身份参加社会保险并缴纳的社会保险费，包括基本养老保险费、基本医疗保险费、工伤保险费、失业保险费和生育保险费
住房公积金	指由职工所在的国家机关、国有企业、城镇集体企业、外商投资企业、城镇私营企业以及其他城镇企业、事业单位及职工个人缴纳并长期储蓄一定的住房公积金，用于日后支付职工家庭购买或自建自住住房、私房翻修等住房费用的制度
工会经费	指工会依法取得并开展正常活动所需的费用。按《中华人民共和国工会法》，工会经费的主要来源是工会会员缴纳的会费和按每月全部职工工资总额的2%向工会拨交的经费这两项，其中2%的工会经费是经费的最主要来源
职工教育经费	指企业按工资总额的一定比例提取用于职工教育的一项费用，是企业为职工学习先进技术和提高文化水平而支付的费用，在不超过工资薪金总额的2.5%部分准予税前扣除
非货币性福利	指企业不以货币形式发放给职工的各项福利性支出，包括企业将自产产品或外购产品作为福利发放给员工，为职工提供的自有或租赁住房，以低于成本价格向职工提供的产品或服务等

续表

项目	解释
辞退福利	指企业与职工所签订的劳工合同未到期之前，企业由于各种原因需要提前终止劳动合同辞退员工，而给予被辞退员工的一笔资金补偿。辞退福利通常在解除劳动合同时采用一次性支付

7.2 应付职工薪酬的核算示范

【例7－1】苏州七维物流有限公司2013年8月份的工资发放如下：

本月应发工资总额为110万元，分别为管理人员工资25万元，业务部门人员工资60万元，行政部门人员工资25万元；其中个人应负担的社保费为52 000元，个人应负担的住房公积金金额为48 000元，代扣代缴个人所得税为11 800元，公司出纳开出转账支票通过建设银行转到员工工资卡中。

账务处理如下：

记账凭证

2013年8月10日　　第＊＊＊＊号

摘要	总账科目	明细科目	三级明细	借方	贷方	记账
发放8月份工资	应付职工薪酬	工资薪金		1 100 000		
	其他应收款	代扣社保费			52 000	
	其他应收款	代扣住房公积金			48 000	
	应交税费	应交个人所得税			11 800	
	银行存款	建行城中支行			988 200	
附件：　张						
合计				1 100 000	1 100 000	

会计主管：×××　记账：×××　复核：×××　出纳：×××　制单：×××

【例7－2】2013年8月15日，苏州七维物流有限公司开出一张金额为17 600元的转账支票，用于发放8月份的差旅补贴。

账务处理如下：

记账凭证

2013 年 8 月 15 日　　　　第＊＊＊＊号

摘要	总账科目	明细科目	三级明细	借方	贷方	记账
发放补贴	应付职工薪酬	差旅补贴		17 600		
	银行存款	建行城中支行			17 600	
附件：　张						
合计				17 600	17 600	

会计主管：×××　记账：×××　复核：×××　出纳：×××　制单：×××

【例 7－3】2013 年 8 月 16 日，苏州七维物流有限公司从公司账户中自动划转公司职工的社会保险费和住房公积金，其中社会保险费个人负担为 52 000 元，单位负担为 156 000元，住房公积金个人负担为48 000 元，单位负担为48 000 元。20 日收到社保费专用收据和银行回单。

账务处理如下：

记账凭证

2013 年 8 月 16 日　　　　第＊＊＊＊号

摘要	总账科目	明细科目	借方	贷方	记账
分配社保及公积金	管理费用	社保及公积金	110 400		
	劳务成本	运输成本	93 600		
	其他应收款	代扣社保费	52 000		
	其他应收款	代扣住房公积金	48 000		
	应付职工薪酬	社会保险费		208 000	
	应付职工薪酬	住房公积金		96 000	
附件：　张					
合计			304 000	304 000	

会计主管：×××　记账：×××　复核：×××　出纳：×××　制单：×××

【例7－4】月末，根据本月工资总额计提2%的职工福利费22 000元，2%的工会经费22 000元，3%的职工教育经费33 000元（福利费可以据实列支，也可以采用计提的方法，计提比例由企业自行确定）。

账务处理如下：

记账凭证

2013年8月31日　　　　第＊＊＊＊号

摘要	总账科目	明细科目	三级明细	借方	贷方	记账
计提各项费用	管理费用	职工薪酬		42 000		
	劳务成本	运输成本		35 000		
	应付职工薪酬	职工福利费			22 000	
	应付职工薪酬	工会经费			22 000	
	应付职工薪酬	职工教育经费			33 000	
附件：　张						
合计				77 000	77 000	

会计主管：×××　记账：×××　复核：×××　出纳：×××　制单：×××

【例7－5】为保证员工就餐环境，苏州七维物流有限公司于2013年8月30日购入员工就餐桌椅一批，取得增值税普通发票，总价值为14 040元，用现金支付。

账务处理如下：

记账凭证

2013年8月30日　　　　第＊＊＊＊号

摘要	总账科目	明细科目	三级明细	借方	贷方	记账
支付桌椅款	应付职工薪酬	职工福利费		14 040		
	库存现金				14 040	
附件：2张						
合计				14 040	14 040	

会计主管：×××　记账：×××　复核：×××　出纳：×××　制单：×××

【例7-6】苏州七维物流有限公司开出转账支票给公司同级工会本月工会经费22 000元，并取得工会经费专用收据。

账务处理如下：

记账凭证

2013年8月31日　　第＊＊＊＊号

摘要	总账科目	明细科目	三级明细	借方	贷方	记账
支付8月份工会经费	应付职工薪酬	工会经费		22 000		
	银行存款	建行城中支行			22 000	
附件：　张						
合计				22 000	22 000	

会计主管：×××　记账：×××　复核：×××　出纳：×××　制单：×××

【例7-7】苏州七维物流有限公司于2013年8月份用现金支付外聘讲师授课费6 000元，已取得发票。

账务处理如下：

记账凭证

2013年8月31日　　第＊＊＊＊号

摘要	总账科目	明细科目	三级明细	借方	贷方	记账
支付培训费	应付职工薪酬	职工教育经费		6 000		
	库存现金				6 000	
附件：　2　张						
合计				6 000	6 000	

会计主管：×××　记账：×××　复核：×××　出纳：×××　制单：×××

【例7-8】月末根据本月折旧计算表，计提无偿提供给职工住宿的职工公寓折旧费5 798.33元。

账务处理如下：

记账凭证

2013年8月31日　　　　第****号

摘要	总账科目	明细科目	三级明细	借方	贷方	记账
计提折旧	应付职工薪酬	非货币性福利		5 798.33		
	累计折旧				5 798.33	
附件：1张						
合计				5 798.33	5 798.33	

会计主管：××× 记账：××× 复核：××× 出纳：××× 制单：×××

【例7-9】8月31日，用银行转账方式支付因与单位员工解除劳工合同给予的补偿金12 000元。

账务处理如下：

记账凭证

2013年8月31日　　　　第****号

摘要	总账科目	明细科目	三级明细	借方	贷方	记账
支付补偿款	应付职工薪酬	解除职工劳动合同补偿款		12 000		
	银行存款	建行城中支行			12 000	
附件：　张						
合计				12 000	12 000	

会计主管：××× 记账：××× 复核：××× 出纳：××× 制单：×××

【例7－10】月末根据上述工资总额分配到各项费用中。

应付职工薪酬分摊表

项目	工资薪金	差旅补贴	非货币性福利	解除劳动合同补偿款	合计
管理费用	650 000	9 600	2 123.65	12 000	673 723.65
劳务成本	450 000	8 000	3 674.68		461 677.68
合计	1 100 000	17 600	5 798.33	12 000	1 135 398.33

账务处理如下：

记账凭证

2013年8月31日 第＊＊＊＊号

摘要	总账科目	明细科目	三级明细	借方	贷方	记账
分配8月份工资	管理费用	工资薪金		673 723.65		
	劳务成本	运输成本		461 677.68		
	应付职工薪酬	工资薪金			1 100 000	
	应付职工薪酬	差旅补贴			17 600	
	应付职工薪酬	非货币性福利			5 798.33	
	应付职工薪酬	解除劳动合同补偿款			12000	
附件： 张						
合计				1 135 398.33	1 135 398.33	

会计主管：××× 记账：××× 复核：××× 出纳：××× 制单：×××

第8章

应交税费业务的会计核算

应交税费是指企业根据在一定时期内取得的营业收入、实现的利润等，按照现行税法规定，采用一定的计税方法计提的应交纳的各种税费。

应交税费核算企业按照税法规定计算应缴纳的各种税费，具有以下特点：

◆“应交税费”科目属于负债类科目，期末贷方余额反映企业尚未交纳的税费，期末如为借方余额反映企业多交或尚未抵扣的税费。

◆企业不需要预计应缴数的税金，如印花税、耕地占用税和车辆购置税等，不在“应交税费”科目核算。

8.1 应交税费的核算内容

物流企业的“应交税费”会计科目二级明细科目包括：增值税、营业税、城市维护建设税、企业所得税、城镇土地使用税、房产税、教育费附加和代扣代缴个人所得税等，各科目按照应交的税费项目进行明细核算，贷记增加借记减少，计提税金时记录在贷方，表示应交税费的增加；交纳税金的记录在借方，表示应交税费的减少。

会计科目	解　释
增值税	指以商品（含应税劳务）在流转过程中产生的增值额作为计税依据而征收的一种流转税。缴纳增值税的纳税人又有一般纳税人和小规模纳税人之分，就物流企业而言，分别适用11%的税率和3%的征收率
营业税	指在我国境内提供应税劳务、转让无形资产和销售不动产的单位和个人，以其所取得的营业额为课税对象而征收的一种商品劳务税
消费税	指对特定的商品，如烟、酒及酒精、化妆品、护肤护发品、贵重首饰及珠宝玉石、鞭炮和烟火、汽油、汽车轮胎、摩托车、小汽车、高档手表、实木地板、游艇等所征收的一种流转税。计税依据分为从价计征、从量计征和从价从量复合计征
城市维护建设税	指对从事工商经营的，缴纳增值税、消费税、营业税的单位和个人征收的一种税。城市维护建设税根据纳税人所在地不同设有不同的税率，纳税人所在地为市区的，税率为7%；所在地为县城、镇的，税率为5%；所在地不在市区、县城或者镇的，税率为1%
教育费附加	指对缴纳增值税、消费税、营业税的单位和个人，就其实际缴纳的税额为依据征收的一种附加费。教育费附加是国家为了发展我国的教育事业，提高人民的文化素质而征收的一项费用
企业所得税	指国家对在我国境内从事生产、经营所得和其他所得依法征收的一种税。所得税的纳税人为在我国境内实行独立核算的企业或者组织（包括外商投资企业和外国企业）

续表

会计科目	解释
个人所得税	指在我国境内的个人所得和来源于我国的个人所得征收的一种税。该税种由单位代扣代交，个人所得税的纳税人为取得税法规定的各项应税所得的中国公民、个体工商业户以及在中国有所得的外籍人员和港、澳、台同胞
土地增值税	指国家对转让国有土地使用权、地上建筑物及其附着物并取得收入的单位和个人征收的一种税。其主要特点是按增值额征税，按超率累进税率征税
城镇土地使用税	指国家对拥有土地使用权的单位和个人征收的一种税。其主要特点是按土地等级标准计征。土地使用税的纳税人为拥有土地使用权的单位和个人，其应纳的土地使用税额，按实际占用的土地面积乘以单位税额计算求得
房产税	指以房屋为征税对象，依照房屋的余值（即房屋原值一次性减去10% ~30%后的剩余价值）或出租房屋的租金收入征收的一种税。房产税的纳税人为房屋产权的所有人、经营管理单位、承典人、房产代管人或者使用人
车船税	指在我国境内依法办理登记的车辆、船舶，根据其种类，按照规定的计税依据和年税额标准计算征收的一种财产税。是向拥有车船的单位和个人征收的一种税，车船税交纳方式有自行缴纳和由相关机构代收代缴
关税	指海关依法对进出境货物、物品征收的一种税。贸易性进出口货物的纳税人是进出口货物的收货人、发货人，或者进出口货物的代理人

8.2 应交税费的核算示范

8.2.1 增值税的核算概述

（略）。

1. 增值税纳税人。

在中华人民共和国境内销售货物或者提供加工、修理修配劳务以及进口货物的单位和个人，都是增值税的纳税义务人。根据财政部、国家税务总局《增值税试点税收政策的通知》的规定，在境内提供应税服务的单位和个人也是增值税的纳税义务人。《中华人民共和国增值税暂行条例》和《增值税试点税收政策的通知》将纳税人按其经营规模大小及会计核算健全与否划分为一般纳税人和小规模纳税人。

<table>
<tr><th colspan="2">纳税人类型</th><th>销售额（营业额）标准</th></tr>
<tr><td rowspan="3">一般纳税人</td><td>生产货物或提供应税劳务的纳税人，或以其为主并兼营货物批发或零售的纳税人</td><td>年应税销售额在 50 万元以上</td></tr>
<tr><td>从事货物批发或零售的纳税人</td><td>年应税销售额在 80 万元以上</td></tr>
<tr><td>营改增企业的纳税人</td><td>年应税服务额在 500 万元以上</td></tr>
<tr><td rowspan="3">小规模纳税人</td><td>生产货物或提供应税劳务的纳税人，或以其为主并兼营货物批发或零售的纳税人</td><td>年应税销售额在 50 万元以下</td></tr>
<tr><td>从事货物批发或零售的纳税人</td><td>年应税销售额在 80 万元以下</td></tr>
<tr><td>营改增企业的纳税人</td><td>年应税服务额在 500 万元以下</td></tr>
</table>

2. 增值税税率与征收率。

（1）一般纳税人适用的税率及税款计算。

依据增值税一般纳税人的应税项目不同，增值税税率分为 17%、13%、11%、6%以及零税率五档。

当期应纳税额 = 当期销项税额 − 当期可抵扣进项税额 − 上期留抵税额

= 当期销项税额 − 当期认证进项税额 − 当期进项税额转出 − 上期留抵税额

（2）小规模纳税人的征收率及税款计算。

小规模纳税人适用的征收率统一为 3%。

当期应纳税额 = 当期收入 × 征收率 = 含税收入 ÷（1 + 征收率）× 征收率

3. 增值税一般纳税人的核算类型。

一般纳税人对增值税进行核算时，在“应交税费”一级会计科目下应该设置“应交增值税”和“未交增值税”两个二级明细科目进行明细核算，在二级明细科目“应交增值税”下还应当分别设置“进项税额”“销项税额”“出口退税”“进项税额转出”“已交税金”等专栏。

“应交税费”科目期末贷方余额，反映企业尚未交纳的税费；期末如为借方余额，反映企业多交或尚未抵扣的税费。

	会计核算规范	会计分录
企业采购物资等	按照应计入采购成本的金额，借记“材料采购”或“在途物资”“原材料”“库存商品”等科目，按照税法规定可抵扣的增值税进项税额，借记“应交税费（应交增值税——进项税额）”科目，按照应付或实际支付的金额，贷记“应付账款”“银行存款”等科目。企业购入物资发生退货的，作相反的会计处理	①采购时： 借：原材料 应交税费——应交增值税（进项税额） 贷：银行存款 ②企业购入物资发生退货时： 借：银行存款 贷：原材料 应交税费——应交增值税（进项税额）
购进免税农业产品	按照购入农业产品的买价和税法规定的税率计算的增值税进项税额，借记“应交税费（应交增值税——进项税额）”科目，按照买价减去按照税法规定计算的增值税进项税额后的金额，借记“材料采购”或“在途物资”等科目，按照应付或实际支付的价款，贷记“应付账款”“库存现金”“银行存款”等科目	借：原材料 应交税费——应交增值税（进项税额） 贷：银行存款
销售商品（提供劳务）	按照收入金额和应收取的增值税销项税额，借记“应收账款”“银行存款”等科目，按照税法规定应交纳的增值税销项税额，贷记“应交税费——应交增值税（销项税额）”科目，按照确认的营业收入金额，贷记“主营业务收入”“其他业务收入”等科目。企业发生销售退回的，作相反的会计分录。	①确认收入时： 借：银行存款 贷：主营业务收入 应交税费——应交增值税（销项税额） ②销售退回时： 借：主营业务收入 应交税费——应交增值税（销项税额） 贷：银行存款

续表

	会计核算规范	会计分录
随同商品出售但单独计价的包装物	应当按照实际收到或应收的金额，借记“银行存款”“应收账款”等科目，按照税法规定应交纳的增值税销项税额，贷记“应交税费——应交增值税（销项税额）”科目，按照确认的其他业务收入金额，贷记“其他业务收入”科目	借：银行存款 贷：其他业务收入 应交税费——应交增值税（销项税额）
购入材料等按照税法规定不得从增值税销项税额中抵扣的进项税额	其进项税额应计入材料等的成本，借记“材料采购”或“在途物资”等科目，贷记“银行存款”等科目，不通过“应交税费——应交增值税（进项税额）”科目核算	借：材料采购（计划成本法核算企业） 在途物资（实际成本法核算企业） 贷：银行存款
企业将自产的产品等用作福利发放给职工	应视同产品销售计算应交增值税的，借记“应付职工酬薪”科目，贷记“主营业务收入”“应交税费——应交增值税（销项税额）”等科目	借：应付职工薪酬 贷：主营业务收入 应交税费——应交增值税（销项税额）
企业购进的物资、在产品、产成品因盘亏、毁损、报废、被盗，以及购进物资改变用途等	按照税法规定不得从增值税销项税额中抵扣的进项税额，其进项税额应转入有关科目，借记“待处理财产损溢”等科目，贷记“应交税费——应交增值税（进项税额转出）”科目	借：待处理财产损溢 贷：应交税费——应交增值税（进项税额转出）
企业由于工程而使用本企业的产品或商品	应当按照成本，借记“在建工程”科目，贷记“库存商品”科目。同时，按照税法规定应交纳的增值税销项税额，贷记“应交税费——应交增值税（销项税额）”科目	借：在建工程 贷：库存商品 应交税费——应交增值税（销项税额）
企业期末结转当期应交纳的增值税时	借记“应交税费——应交增值税（转出未交增值税）”，贷记“应交税费——未交增值税”	借：应交税费——应交增值税（转出未交增值税） 贷：应交税费——未交增值税

续表

	会计核算规范	会计分录
企业期末结转当期多交纳的增值税时	借记“应交税费——未交增值税”，贷记“应交税费——应交增值税（转出多交增值税）”	借：应交税费——未交增值税 贷：应交税费——应交增值税（转出多交增值税）
企业交纳当期的增值税时	借记“应交税费——应交增值税（已交税金）”，贷记“银行存款”	借：应交税费——应交增值税（已交税金） 贷：银行存款
企业交纳上期应交的增值税时	借记“应交税费——应交增值税（转出未交增值税）”，贷记“应交税费——未交增值税”	借：应交税费——应交增值税（转出未交增值税） 贷：应交税费——未交增值税
营改增企业接受应税服务时	依据计入成本的价款金额，借记“劳务成本”或“主营业务成本”，依据可抵扣的进项税额，借记“应交税费——应交增值税（进项税额）”，依据应支付的价税合计款项，贷记“银行存款”或“预付账款”等科目	借：劳务成本 或主营业务成本 应交税费——应交增值税（进项税额） 贷：银行存款
营改增企业提供应税服务时	依据应收取的价税合计金额，借记“银行存款”或“应收账款”等科目，依据价款金额贷记“主营业务收入”，对应销项税额，贷记“应交税费——应交增值税（销项税额）”	借：银行存款 或应收账款 贷：主营业务收入 应交税费——应交增值税（销项税额）

4. 增值税小规模纳税人的核算。

小规模纳税人销售货物或者提供应税劳务，按照销售额和规定的征收率（目前税法规定为3%）计算应纳税额，不得抵扣进项税额。计税办法简单，会计核算只需设置“应交税费——应交增值税”三栏式账户，核算企业应交、已缴及多缴或欠缴的增值税。

纳税人应交的增值税通过该账户的贷方核算；纳税人缴纳增值税时，通过该账户的借方核算。该账户的贷方余额反映企业尚未缴纳或欠缴的增值税；借方余额则反映企业多缴的增值税。

8.2.2 增值税的核算示范

1. 增值税一般纳税人的核算示范。

【例8－1】2013年5月8日，苏州七维物流有限公司结算柴油款，收到苏州石化油气有限公司开具的发票，价税合计46 800元，苏州七维物流有限公司以转账支票支付。

账务处理如下：

记账凭证

2013年5月8日 第＊＊＊＊号

摘要	总账科目	明细科目	三级明细	借方	贷方	记账
结算柴油款	劳务成本	运输成本		40 000		
	应交税费	应交增值税	进项税额	6 800		
	银行存款				46 800	
附件： 张						
合计				46 800	46 800	

会计主管：××× 记账：××× 复核：××× 出纳：××× 制单：×××

【例8-2】苏州七维物流有限公司承接的张家港新华贸易有限公司运输业务于2013年5月5日运达目的地。运费4 000元，销项税额440元，款项未收。6月10日，收到张家港新华贸易有限公司支票一张，金额4 440元，并于当日存入银行。

账务处理如下：

记账凭证

2013年5月5日 第＊＊＊＊号

摘要	总账科目	明细科目	三级明细	借方	贷方	记账
确认收入	应收账款	张家港新华贸易有限公司		4 440		
	主营业务收入	运输收入			4 000	
	应交税费	应交增值税	销项税额		440	
附件： 张						
合计				4 440	4 440	

会计主管：××× 记账：××× 复核：××× 出纳：××× 制单：×××

记账凭证

2013 年 6 月 10 日　　第＊＊＊＊号

摘要	总账科目	明细科目	三级明细	借方	贷方	记账
收到货款	银行存款	建行城中支行		4 440		
	应收账款	张家港新华贸易有限公司			4 440	
附件：　张						
合计				4 440	4 440	

会计主管：××× 记账：××× 复核：××× 出纳：××× 制单：×××

【例 8－3】2013 年 1 月 10 日，苏州七维物流有限公司仓库发生火灾事故，损失一批塑料周转箱，该批周转材料实际成本为 10 000 元，增值税进项税额为 1 700 元。

账务处理如下：

记账凭证

2013 年 1 月 10 日　　第＊＊＊＊号

摘要	总账科目	明细科目	三级明细	借方	贷方	记账
事故损失	待处理财产损溢			11 700		
	周转材料	周转箱			10 000	
	应交税费	应交增值税	进项税额转出		1 700	
附件：　张						
合计				11 700	11 700	

会计主管：××× 记账：××× 复核：××× 出纳：××× 制单：×××

【例 8－4】月底，计算本月应缴纳的增值税 48 800 元。

2013年1月份增值税计算表

单位：元

销售税额	34 000
进项税额	153 000
出口退税转出进项税额	204 000
其他进项税额转出	23 800
期初留底额	60 000
应交增值税额	48 800

账务处理如下：

记账凭证

2013年1月31日　　　　第＊＊＊＊号

摘要	总账科目	明细科目	三级明细	借方	贷方	记账
转出未交增值税	应交税费	应交增值税	转出未交增值税	48 800		
	应交税费	未交增值税			48 800	
附件：　张						
合计				48 800	48 800	

会计主管：×××　记账：×××　复核：×××　出纳：×××　制单：×××

2. 增值税小规模纳税人的核算示范。

【例8－5】苏州合力叉车有限公司为增值税小规模纳税人，2013年1月10日取得运输收入8 240元，开具增值税普通发票。

账务处理如下：

记账凭证

2013 年 1 月 10 日　　　　第＊＊＊＊号

摘要	总账科目	明细科目	三级明细	借方	贷方	记账
确认收入	库存现金			8 240		
	主营业务收入				8 000	
	应交税费	应交增值税			240	
附件：　张						
合计				8 240	8 240	

会计主管：×××　记账：×××　复核：×××　出纳：×××　制单：×××

【例 8 -6】苏州合力叉车有限公司为增值税小规模纳税人，2013 年 1 月 15 日缴纳上一季度增值税 12 520. 22 元。

账务处理如下：

记账凭证

2013 年 1 月 15 日　　　　第＊＊＊＊号

摘要	总账科目	明细科目	三级明细	借方	贷方	记账
交增值税	应交税费	应交增值税		12 520. 22		
	银行存款	建行城中支行			12 520. 22	
附件：　张						
合计				12 20. 22	12 520. 22	

会计主管：×××　记账：×××　复核：×××　出纳：×××　制单：×××

8.2.3 其他税种的核算示范

【例 8－7】2013 年 7 月 1 日，苏州玉林建筑有限公司计算 6 月份取得收入的营业税。

账务处理如下：

记账凭证

2013 年 7 月 1 日　　第＊＊＊＊号

摘要	总账科目	明细科目	三级明细	借方	贷方	记账
计算营业税	营业税金及附加			15 000		
	应交税费	应交营业税			15 000	
附件：　张						
合计				15 000	15 000	

会计主管：×××　记账：×××　复核：×××　出纳：×××　制单：×××

【例 8－8】2013 年 7 月 10 日，苏州玉林建筑有限公司通过银行扣款缴纳营业税 15 000 元。

账务处理如下：

记账凭证

2013 年 7 月 10 日　　第＊＊＊＊号

摘要	总账科目	明细科目	三级明细	借方	贷方	记账
交营业税	应交税费	应交营业税		15 000		
	银行存款	建行城中支行			15 000	
附件：　张						
合计				15 000	15 000	

会计主管：×××　记账：×××　复核：×××　出纳：×××　制单：×××

【例 8－9】2013 年 8 月 1 日，苏州七维物流有限公司出售一闲置办公室，取得收入 400 000 元已存入银行，该办公室作为固定资产核算，出售该固定资产适用的营业税税率为 5%。

账务处理如下：

记账凭证

2013 年 8 月 1 日　　第＊＊＊＊号

摘要	总账科目	明细科目	三级明细	借方	贷方	记账
出售办公室计提营业税	固定资产清理			20 000		
	应交税费	应交营业税			20 000	
附件：　张						
合计				20 000	20 000	

会计主管：××× 记账：××× 复核：××× 出纳：××× 制单：×××

【例 8-10】2013 年 8 月 10 日，苏州七维物流有限公司去税务局代开销售不动产发票，并交纳营业税 20 000 元。

账务处理如下：

记账凭证

2013 年 8 月 10 日　　第＊＊＊＊号

摘要	总账科目	明细科目	三级明细	借方	贷方	记账
交营业税	应交税费	应交营业税		20 000		
	银行存款	建行城中支行			20 000	
附件：　张						
合计				20 000	20 000	

会计主管：××× 记账：××× 复核：××× 出纳：××× 制单：×××

【例 8-11】苏州明翠珠宝首饰销售有限公司 2013 年 2 月销售给个人金银首饰 117 000 元（含 17% 的增值税），零售环节消费税税率为 5%。

消费税应纳税额 = 117 000 ÷ （1 + 17%） = 100 000（元）

应缴纳消费税 = 100 000 × 5% = 5 000（元）

账务处理如下：

记账凭证

2013 年 2 月 28 日　　　　第＊＊＊＊号

摘要	总账科目	明细科目	三级明细	借方	贷方	记账
计提消费税	营业税金及附加			5 000		
	应交税费	应交消费税			5 000	
附件：　张						
合计				5 000	5 000	

会计主管：××× 记账：××× 复核：××× 出纳：××× 制单：×××

【例 8－12】苏州明翠珠宝首饰销售有限公司 2013 年 3 月 10 日缴纳消费税 5 000 元，并取得银行缴费单据。

账务处理如下：

记账凭证

2013 年 3 月 10 日　　　　第＊＊＊＊号

摘要	总账科目	明细科目	三级明细	借方	贷方	记账
交消费税	应交税费	应交消费税		5 000		
	银行存款	建行城中支行			5 000	
附件：　张						
合计				5 000	5 000	

会计主管：××× 记账：××× 复核：××× 出纳：××× 制单：×××

【例8－13】苏州明翠珠宝首饰销售有限公司2013年2月进口一批化妆品，按规定应缴纳消费税150 000元，款项已经全部用银行存款支付。

账务处理如下：

记账凭证

2013年2月5日　　第＊＊＊＊号

摘要	总账科目	明细科目	三级明细	借方	贷方	记账
缴纳进口消费税	应交税费	应交消费税		150 000		
	银行存款	建行城中支行			150 000	
附件：　张						
合计				150 000	150 000	

会计主管：×××　记账：×××　复核：×××　出纳：×××　制单：×××

【例8－14】2013年2月28日，苏州玉林建筑有限公司计提当月应缴纳的城市维护建设税。其当月实际缴纳的营业税为20 000元，适用的城市维护建设税税率为7%，适用的教育费附加税率为3%。

应交城市维护建设税＝20 000×7%　＝1 400（元）

应交教育费附加＝20 000×3%＝600（元）

账务处理如下：

记账凭证

2013年2月28日　　第＊＊＊＊号

摘要	总账科目	明细科目	三级明细	借方	贷方	记账
计提税金及附加	营业税金及附加			2 000		
	应交税费	应交城市维护建设税			1 400	
	应交税费	应交教育费附加			600	
附件：　张						
合计				2 000	2 000	

会计主管：×××　记账：×××　复核：×××　出纳：×××　制单：×××

【例8－15】2013年3月10日，苏州玉林建筑有限公司缴纳了上月应交的城市维护建设税1400元，教育费附加600元，并于当天取得银行税票。

账务处理如下：

记账凭证

2013年3月10日　　第＊＊＊＊号

摘要	总账科目	明细科日	三级明细	借方	贷方	记账
交纳2月份税款	应交税费	应交城市维护建设税		1 400		
	应交税费	应交教育费附加		600		
	银行存款	建行城中支行			2 000	
附件：　张						
合计				2 000	2 000	

会计主管：×××　记账：×××　复核：×××　出纳：×××　制单：×××

【例8－16】苏州七维物流有限公司2013年6月计提本季度应交企业所得税85 000元。

2013年第二季度企业所得税计算表　　单位：元

应纳税所得额	614 000
税率	25%
应纳税额	153 500
减：已交纳税额	68 500
本期应纳税额	85 000

账务处理如下：

记账凭证

2013 年 6 月 30 日　　第＊＊＊＊号

摘要	总账科目	明细科目	三级明细	借方	贷方	记账
计提所得税	所得税费用			85 000		
	应交税费	应交企业所得税			85 000	
附件：　张						
合计				85 000	85 000	

会计主管：×××　记账：×××　复核：×××　出纳：×××　制单：×××

【例 8 - 17】苏州七维物流有限公司于 2013 年 7 月 5 日缴纳第二季度应交企业所得税 85 000 元，通过建设银行转账划款，并于当日拿到银行扣款单据。

账务处理如下：

记账凭证

2013 年 7 月 5 日　　第＊＊＊＊号

摘要	总账科目	明细科目	三级明细	借方	贷方	记账
交所得税	应交税费	应交企业所得税		85 000		
	银行存款	建行城中支行			85 000	
附件：　张						
合计				85 000	85 000	

会计主管：×××　记账：×××　复核：×××　出纳：×××　制单：×××

【例 8 - 18】苏州玉林建筑有限公司是小型微利企业，2013 年 3 月通过计算应纳税所得额为 40 000 元。根据税额计算相关单据，应作如下账务处理：

该企业符合小型微利企业减按20%的税率征收企业所得税，同时应纳税所得额低于60 000，其所得减按50%计入应纳税所得额。

应交企业所得税 = 40 000 × 50% × 20% = 4 000（元）

2013年第一季度企业所得税计算表 单位：元

应纳税所得额	40 000
税率	25%
应纳税额	10 000
减：减免税额	6 000
本期应纳税额	4 000

账务处理如下：

记账凭证

2013年3月31日 第＊＊＊＊号

摘要	总账科目	明细科目	三级明细	借方	贷方	记账
计提所得税	所得税费用			4 000		
	应交税费	应交企业所得税			4 000	
附件： 张						
合计				4 000	4 000	

会计主管：××× 记账：××× 复核：××× 出纳：××× 制单：×××

【例8-19】2013年2月10日，苏州七维物流有限公司代扣代缴个人所得税5 040元，通过建设银行成功划款并于当日取得相关扣款单据。

账务处理如下：

记账凭证

2013年2月10日　　　　第＊＊＊＊号

摘要	总账科目	明细科目	三级明细	借方	贷方	记账
交个人所得税	应交税费	应交个人所得税		5 040		
	银行存款	建行城中支行			5 040	
附件：　张						
合计				5 040	5 040	

会计主管：×××　记账：×××　复核：×××　出纳：×××　制单：×××

【例8－20】2013年2月11日，苏州七维物流有限公司发放管理部门人员1月份工资47 816元，其中代扣个人所得税1 617.80元，代缴社会保险费3 190元，工资43 008.20元通过建设银行划款到个人工资卡中。

账务处理如下：

记账凭证

2013年2月11日　　　　第＊＊＊＊号

摘要	总账科目	明细科目	三级明细	借方	贷方	记账
发放管理部门1月份工资	应付职工薪酬	工资		47 816.00		
	应交税费	应交个人所得税			1 617.80	
	其他应收款	社会保险费			3 190.00	
	银行存款	建行城中支行			43 008.20	
附件：　张						
合计				47 816.00	47 816.00	

会计主管：×××　记账：×××　复核：×××　出纳：×××　制单：×××

【例8－21】苏州七维物流有限公司2013年1月将其中一闲置仓库出售，该仓库作为固定资产核算。于1月6日去税务局代开销售不动产发票，并按规定缴纳土地增值税500 000元。

由于写字楼是作为固定资产核算，在处置固定资产时，将发生的税费放到“固定资产清理”这一科目中核算，并编制另一记账凭证与“应交税费——应交土地增值税”的借方余额相对应。

账务处理如下：

记账凭证

2013年1月6日　　第＊＊＊＊号

摘要	总账科目	明细科目	三级明细	借方	贷方	记账
交纳土地增值税	应交税费	应交土地增值税		500 000		
	银行存款	建行城中支行			500 000	
附件：　张						
合计				500 000	500 000	

会计主管：××× 记账：××× 复核：××× 出纳：××× 制单：×××

记账凭证

2013年1月6日　　第＊＊＊＊号

摘要	总账科目	明细科目	三级明细	借方	贷方	记账
计提土地增值税	固定资产清理			500 000		
	应交税费	应交土地增值税			500 000	
附件：　张						
合计				500 000	500 000	

会计主管：××× 记账：××× 复核：××× 出纳：××× 制单：×××

【例 8－22】2013 年 12 月，苏州七维物流有限公司按规定应交纳房产税 135 000 元、城镇土地使用税 17 500 元。

2013 年第四季度房产税和城镇土地使用税计算表

税种	计税原值	扣除率	税率	应纳税额
房产税	16 071 428 元	30%	1.2%	135 000（元）
城镇土地使用税	4 375 平方米		40%	17 500（元）
合计				152 500（元）

账务处理如下：

记账凭证

2013 年 12 月 31 日　　　　第＊＊＊＊号

摘要	总账科目	明细科目	三级明细	借方	贷方	记账
计提房产税和土地使用税	管理费用	税金		152 500		
	应交税费	应交房产税			135 000	
	应交税费	应交城镇土地使用税			17 500	
附件：　张						
合计				152 500	152 500	

会计主管：×××　记账：×××　复核：×××　出纳：×××　制单：×××

【例 8－23】2013 年 1 月 6 日，苏州七维物流有限公司缴纳房产税 135 000 元、城镇土地使用税 17 500 元，通过建设银行成功划款并于当日取得相关扣款单据。

账务处理如下：

记账凭证

2013 年 1 月 6 日　　第＊＊＊＊号

摘要	总账科目	明细科目	三级明细	借方	贷方	记账
交纳房产税和城镇土地使用税	应交税费	应交房产税		135 000		
	应交税费	应交城镇土地使用税		17 500		
	银行存款	建行城中支行			152 500	
附件：　张						
合计				152 500	152 500	

会计主管：×××　记账：×××　复核：×××　出纳：×××　制单：×××

【例 8－24】苏州七维物流有限公司 2013 年 1 月份购入一辆小汽车供管理部门使用，于 1 月 10 日缴纳车辆机动车保险费 16 087 元，保险发票中列明由保险公司代收车船税 544 元，以上款项全部用现金支付给保险公司。

账务处理如下：

记账凭证

2013 年 1 月 10 日　　第＊＊＊＊号

摘要	总账科目	明细科目	三级明细	借方	贷方	记账
交保险费	管理费用	车辆保险费		16 087		
交车船税	应交税费	车船税		544		
	库存现金				16 631	
附件：　张						
合计				16 631	16 631	

会计主管：×××　记账：×××　复核：×××　出纳：×××　制单：×××

车船税最终计入到期间费用类科目，所以我们还需做一张凭证将“应交税费——应交车船税”借方余额冲掉。

记账凭证

2013年1月10日　　　　第＊＊＊＊号

摘要	总账科目	明细科目	三级明细	借方	贷方	记账
计提车船税	管理费用	税金		544		
	应交税费	车船税			544	
附件：　张						
合计				544	544	

会计主管：×××　记账：×××　复核：×××　出纳：×××　制单：×××

第9章

营业收入与成本的会计核算

物流企业的业务包括提供运输、包装、仓储、装卸、配送等。其中运输业务是物流企业的主要业务，包装、仓储、装卸、配送等其他业务服务为运输业务的辅助业务或者配套业务。其运输方式主要有公路运输、水路船舶运输、铁路机车车辆运输、航空飞机运输和管道运输。本章主要介绍公路运输业务以及物流企业相关业务的会计核算。

对物流的核算包括运输收入以及其他相关收入的确认和计量；运输费用及其他相关费用的计算和确定；运输成本及其他相关业务成本的汇集、分配和结转。

9.1 营业收入与成本会计核算概述

9.1.1 物流企业收入的特点

收入是指企业日常活动中形成的、会导致所有者权益增加的、与所有者投入资本无关的经济利益的总流入。物流企业收入也就是物流企业通过提供运输、包装、仓储、装卸、配送等服务而获得的经济利益的总流入。

同其他行业相比较，物流企业的收入既具有其他行业企业的共性，又具有自己的特点。

收入是从企业日常活动中产生的，而不是从偶然交易或事项中产生的，如物流企业提供运输、仓储等服务的收入。但有些交易或事项，如出售固定资产也能为物流企业带来经济利益，但这并不是物流企业的经营目标，也不属于企业的日常经营活动，因此，其流入的经济利益属于利得，不属于收入。

收入可能表现为物流企业资产的增加，也可能表现为物流企业负债的减少，或者两者兼有。资产的增加，如银行存款、应收票据、应收账款等；负债的减少，如以运输、仓储服务等抵偿债务。

收入能导致物流企业所有者权益的增加。收入能增加资产或减少负债，或者两者兼有，根据公式资产-负债=所有者权益，企业取得收入一定会增加所有者权益。

收入只包括本企业经济利益的流入，不包括为第三方或客户代收的款项。代收的款项，一方面增加本企业的资产；另一方面也增加本企业的负债，不增加企业的所有者权益，也不属于本企业的经济利益，因此不能作为本企业的收入。

9.1.2 物流企业收入的分类

1. 按企业从事日常活动的性质不同分类。

（1）销售商品收入。

企业通过销售商品实现的收入。这里的商品包括企业为销售而生产的产品和为转售而购进的商品。企业销售的其他存货如原材料、包装物等也视同商品。

（2）提供劳务收入。

企业通过提供劳务实现的收入。比如，企业通过提供旅游、运输、咨询、代理、培训、产品安装等劳务所实现的收入。

（3）让渡资产使用权收入。

企业通过让渡资产使用权实现的收入。让渡资产使用权收入主要是指金融企业对外贷款形成的利息收入，以及企业转让无形资产（如商标权、专利权、专营权、版权）等资产的使用权形成的使用费收入。

2. 按企业经营业务的主次不同。

（1）主营业务收入。

企业为完成其经营目标所从事的经常性活动实现的收入。主营业务收入一般占企业总收入的较大比重，对企业的经济效益产生较大影响。

（2）其他业务收入。

企业为完成其经营目标所从事的与经常性活动相关的活动实现的收入。其他业务收入属于企业日常活动中次要交易实现的收入，一般占企业总收入的比重较小。

9.1.3 物流企业收入的确认

1. 商品销售收入的确认。

（1）一般商品销售收入必须同时满足的确认条件：

①企业已将商品所有权上的主要风险和报酬转移给购货方。

②企业既没有保留通常与所有权相联系的继续管理权，也没有对已售出的商品实施有效控制。

③收入的金额能够可靠地计量。

④相关的经济利益很可能流入企业。

⑤相关的已发生或将发生的成本能够可靠地计量。

（2）需安装和检验的商品。

在这种销售方式下，售出的商品需安装、检验等，在购货方接受交货以及安装和检验完毕前一般不应确认收入。但如果安装程序比较简单，或检验是为最终确定合同价款所必须进行的程序，则可以在商品发出时或商品装运时确认收入。

（3）附销售退回条件的商品销售。

在这种销售方式下，购货方依照有关协议有权退货。如企业能够按照以往的经验对退货的可能性合理地估计，应在发出商品时，将估计不会发生退货的部分确认收入，可能发生退货的部分，不确认收入。如果不能合理地估计退货的可能性，则在商品退货期满时确认收入。

（4）代销商品。

通常有视同买断和收取手续费两种情况。视同买断时，委托方交付商品时不确认收入，受托方不作购进商品处理；受托方将商品销售后按实际售价确认为销售收入，并向委托方开具代销清单，委托方收到清单确认本企业的收入。在受托方向委托方收取手续费的方式下，委托方应在收到受托方开具的商品代销清单后确认收入；受托方在商品销售后，按收取的手续费确认收入。

（5）分期收款销售。

在这种方式下，商品交付后，货款分期收回，企业应按照合同约定的收款日期确认销售收入。

2. 提供劳务收入的确认。

提供劳务收入必须同时满足以下确认条件：

（1）收入的金额能够可靠地计量，是指提供劳务收入的总额能够合理地估计。

（2）相关的经济利益很可能流入企业，是指提供劳务收入总额收回的可能性大于不能收回的可能性。

（3）交易的完工进度能够可靠地确定，是指交易的完工进度能够合理地估计。企业确定提供劳务交易的完工进度。

（4）交易中已发生和将发生的成本能够可靠地计量，是指交易中已经发生和将要发生的成本能够合理地估计。

3. 让渡资产使用权收入的确认。

让渡资产的利息收入、让渡其他资产的使用费收入确认时需要相关的经济利益很可能流入企业，收入的金额能够可靠地计量。

9.1.4 会计科目的设置

在会计核算上，收入按企业经营业务的主次分为主营业务收入和其他业务收入，所以会计科目的设置也按照主次进行分类。

1. 主营业务收入。

企业应设置“主营业务收入”科目总括地反映主营业务收入的实现情况。贷方登记企业提供运输、仓储、装卸、搬运等劳务发生的收入，借方登记发生的运费退回、运费折让。

期末应将本科目的余额转入本年利润科目，结转后“主营业务收入”科目无余额。该科目应按主营业务的种类设置明细账。

2. 主营业务成本。

企业应设置“主营业务成本”科目核算企业销售商品、提供劳务或让渡资产使用权等的成本。借方登记销售各种商品、提供各种劳务等的实际成本，贷方登记销售退回商品的成本。

期末将该科目余额转入“本年利润”科目，结转后该科目无余额。该科目应按主营业务成本的种类设置明细账。

3. 营业税金及附加。

企业设置“营业税金及附加”科目主要核算企业日常活动应负担的税金及附加，包括消费税、营业税、城市维护建设税、资源税和教育费附加等。

本科目借方登记按照规定计算的企业应负担的税金及附加。期末将该科目转入“本年利润”科目，结转后无余额。

4. 其他业务收入、其他业务成本。

（1）物流企业出租设备和无形资产，取得收入时，借记“银行存款”科目，贷记“其他业务收入”科目。出租设备计提折旧或出租无形资产进行摊销时，借记“其他业务成本”科目，贷记“累计折旧”或“无形资产累计折旧（或摊销）”科目。

（2）物流企业销售原材料，取得收入时，借记“银行存款”科目，贷记“其他业务收入”科目。结转其成本时，借记“其他业务成本”科目，贷记“原材料”科目。

（3）物流企业取得的其他业务收入，在月末需按一定的比例计提营业税，借记“其他业务成本”科目，贷记“应交税费”科目。

9.2 营业收入与成本的核算

9.2.1 营业收入的核算类型

为了总括反映运输业务的各项营运收入的取得情况，企业应在“主营业务收入”科目下设置“运输收入”“装卸收入”“仓储收入”等二级明细科目。

项目	核算内容	核算类型
运输收入	反映企业经营旅客、货物运输业务所发生的各项收入	发生运输收入时，借记“银行存款”“库存现金”“应收账款”“应收票据”等科目，贷记“主营业务收入——运输收入”“应交税费”科目。退回误收收入时，借记“主营业务收入——运输收入”“应交税费”，贷记“银行存款”科目
装卸收入	反映企业经营装卸业务所发生的各项收入	发生装卸收入时，借记“银行存款”“库存现金”“应收账款”“应收票据”等科目，贷记“主营业务收入——装卸收入”“应交税费”科目
仓储收入	反映企业经营仓库、堆场业务所发生的收入	发生堆存业务时，借记“银行存款”“库存现金”“应收账款”“应收票据”等科目，贷记“主营业务收入——堆存收入”“应交税费”科目
其他业务收入	反映企业除营运业务以外的其他业务收入	发生其他业务收入时，借记“银行存款”“库存现金”“应收账款”“应收票据”等科目，贷记“其他业务收入”科目

9.2.2 营业成本的核算项目

物流企业运输业务的经营过程是实现货物的位移的过程。在实现货物位移的生产过程中的耗费包括生产资料如车辆、房屋建筑、燃料、轮胎、配件、工具等价值耗费和运输人员工资部分的价值耗费，构成了运输成本。根据运输企业实际经营的特点，汽车运输成本费用项目一般可以分为直接材料、直接人工、其他直接费用和营运间接费用四项。

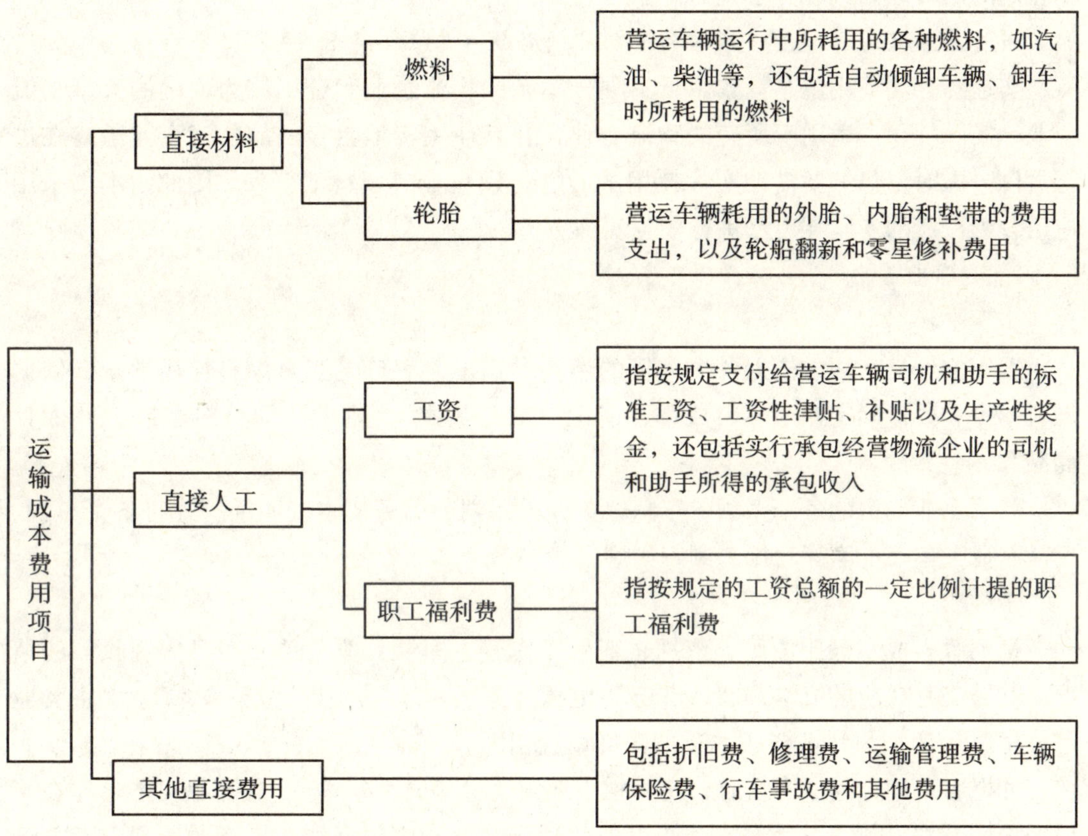

物流企业运输业务成本从理论上讲首先应该在“劳务成本”会计科目中归集，再依据和收入配比的原则结转到“主营业务成本”科目。本书也将采用这样的核算方法进行演练。

实务中，很多物流企业财务人员考虑单笔物流业务经营期跨度限短、收入实现一般不跨会计年度的特点，直接将成本项目归集到“主营业务成本”科目，省略了分摊分配的工作。这样的账务处理方法存在一些配比上的弊端，建议企业使用“劳务成本”结转的方法。

9.2.3 燃料的归集与分配

为了便于对燃料费用进行归集和分配，物流企业各种车辆耗用的燃料，应根据领料单进行汇总，编制燃料耗用汇总表。

确定各月燃料实际耗用数的方法有实际耗用法和实地盘存法两种。实际耗用法对于以后的分配较为简单，但是会计核算的前期统计工作繁杂。采用实地盘存法的物流企业，应在月末实地测量车辆油箱的存油数，并根据当月的领用数，计算车辆当月实际耗用的燃料数。其计算公式为：

当月实际耗用数＝月初车存数＋本月领用数－月末车存数

实地盘存法适用于车辆较少、不划分车队的物流企业和分工较为明确的大型物流企业，实际耗用法适用于所有的物流企业，并且使用实地盘存法的物流企业最终在进行具体分配时，仍然要借助实际耗用法的燃料领料单或领料汇总表。因此，本书采用应用较为广泛的实际耗用法进行核算演练。

1. 核算步骤。

步骤一：

采用实地盘存法或依据各个车辆的燃料领用汇总表确定当月燃料耗用数量，依据燃料单价和数量确定耗用燃料成本，借记“劳务成本”，贷记“原材料”或者“库存商品”。

依据企业确定的各个车辆、车队、业务单元划分劳务成本的明细，并将各个车辆、车队、业务单元的实际耗用总额归集到“劳务成本”。

步骤二：

根据收入成本配比原则，依据企业各个车辆、车队、业务单元当月实现收入的情况，结转当月对应的成本额度，借记“主营业务成本”，贷记“劳务成本”。“主营业务成本”的明细与“劳务成本”的明细设置相同。

如燃料采用计划成本法时，还要相应地摊销材料成本差异。运输车辆可能运作在不同的地区及省份，若车辆在本企业以外的油库加油，应根据加油车辆的所属，汇总到燃料领用表中。其他相关费用也存在类似的归集情况，以下不再逐一说明。

2. 核算示范。

【例9－1】苏州七维物流有限公司2013年2月28日，依据燃料领用汇总表登记出库劳务成本。燃料核算使用实际成本法。

2013 年 2 月份燃料领用汇总表

领用部门	燃料名称	领用数量（升）	实际单价（元）	金额（元）
一车队	柴油	800	6	4 800
	汽油	300	7	2 100
二车队	柴油	1 000	6	6 000
	汽油	400	7	2 800
管理部门	柴油			
	汽油	200	7	1 400
合计				17 100

账务处理如下：

记账凭证

2013 年 2 月 28 日　　第＊＊＊＊号

摘要	总账科目	明细科目	三级明细	借方	贷方	记账
领用燃料	劳务成本	运输成本	一车队（材料）	6 900		
	劳务成本	运输成本	二车队（材料）	8 800		
	管理费用			1 400		
	库存商品				17 100	
附件：　张						
合计				17 100	17 100	

会计主管：××× 　记账：××× 　复核：××× 　出纳：××× 　制单：×××

【例 9－2】2013 年 2 月 28 日，苏州七维物流有限公司依据燃料领用汇总表登记出库劳务成本。假定燃料核算使用计划成本法。关于计划成本法的演练其他材料的会计处理方法相同，本书不再逐一示范。

柴油的计划单价为每升 6 元，实际平均单价为每升 5.8 元；

汽油的计划单价为每升 7 元，实际平均单价为每升 7.5 元。

2013 年 2 月份燃料领用汇总表

领用部门	燃料名称	领用数量（升）	计划单价（元）	金额（元）
一车队	柴油	800	6	4 800
	汽油	300	7	2 100
二车队	柴油	1 000	6	6 000
	汽油	400	7	2 800
管理部门	柴油			
	汽油	200	7	1 400
合计				17 100

2013 年 2 月份燃料差异调整表

领用部门	燃料名称	领用数量（升）	燃料差异	差异金额（元）
一车队	柴油	800	-0.2	-160
	汽油	300	0.5	150
二车队	柴油	1 000	-0.2	-200
	汽油	400	0.5	200
管理部门	柴油			
	汽油	200	0.5	100
合计				90

备注：实务中，差异额可以使用成本差异率进行调整，也可以直接使用当月实际采购单价与计划成本大的单价差异额进行调整。

在进行会计处理时，超支差异直接在借方补记成本费用，节约差异在借方使用负数或者红字进行调整。

账务处理如下：

①计划成本领用燃料。

记账凭证

2013 年 2 月 28 日　　　　第＊＊＊＊号

摘要	总账科目	明细科目	三级明细	借方	贷方	记账
领用燃料	劳务成本	运输成本	一车队（材料）	6 900		
	劳务成本	运输成本	二车队（材料）	8 800		
	管理费用			1 400		
	库存商品				17 100	
附件：　张						
合计				17 100	17 100	

会计主管：××× 记账：××× 复核：××× 出纳：××× 制单：×××

②调整差异额。

记账凭证

2013 年 2 月 28 日　　　　第＊＊＊＊号

摘要	总账科目	明细科目	三级明细	借方	贷方	记账
领用燃料	劳务成本	运输成本	一车队（材料）	－10		
	管理费用			100		
	库存商品				90	
附件：　张						
合计				90	90	

会计主管：××× 记账：××× 复核：××× 出纳：××× 制单：×××

9.2.4 辅助材料的归集与分配

物流企业的辅助材料如：各种车辆领用的轮胎外胎、内胎和垫带；运输装车过程中使用的绳、打包材料等。多数辅助材料的核算均在“周转材料”中进行了示范，以下就轮胎的领用进行示范。

【例9－3】2013年2月28日，苏州七维物流有限公司依据轮胎领用汇总表登记劳务成本。轮胎核算使用实际成本法。

2013年2月份轮胎领用汇总表

领用部门	轮胎型号	领用数量（条）	实际单价（元）	金额（元）
一车队	1200－20	800	10	8 000
	1 000－20	700	15	10 500
二车队	1200－20	800	12	9 600
	1 000－20	700	7	4 900
合计				33 000

账务处理如下：

记账凭证

2013年2月28日　　　　第＊＊＊＊号

摘要	总账科目	明细科目	三级明细	借方	贷方	记账
领用燃料	劳务成本	运输成本	一车队（材料）	18 500		
	劳务成本	运输成本	二车队（材料）	14 500		
	库存商品				33 000	
附件：　张						
合计				33 000	33 000	

会计主管：×××　记账：×××　复核：×××　出纳：×××　制单：×××

9.2.5 人工的归集与分配

物流企业的人工包括工资费用和福利费用，有固定车辆的司机和助手的工资费用，可以根据工资汇总表直接列入各成本计算对象的明细账户。对于没有固定车辆的司机和助手的工资费用，后备司机和助手的工资费用则应按一定的标准通过分配后计入各成本计算对象的明细账户。

职工福利费可根据已归集分配好的工资费用乘以计提比例得出相应的余额，直接列入各成本计算对象的明细账户。

【例 9－4】2013 年 2 月 15 日，苏州七维物流有限公司分配工资。

苏州七维物流有限公司 2013 年 2 月份工资表　　单位：元

部门	姓名	应发工资	个人所得税	养老保险	公积金	实发工资
管理部门	张三	4 100	18	451	410	3 221
管理部门	王瑞	3 800	9	418	380	2 993
管理部门	……					
小计						30 000
一车队	韩寒	4 200	21	462	420	3 297
一车队	……					
小计						20 000
二车队	赵树	3 600	3	396	360	2 841
二车队	……					
小计						25 000
装卸部	陈华	2 800		308	280	2 212
装卸部	……					
小计						18 000
合计						93 000

账务处理如下：

记账凭证

2013 年 2 月 15 日　　第＊＊＊＊号

摘要	总账科目	明细科目	三级明细	借方	贷方	记账
分配工资	管理费用	工资薪金		30 000		
	劳务成本	运输成本	一车队（人工）	20 000		
	劳务成本	运输成本	二车队（人工）	25 000		
	劳务成本	装卸成本		18 000		

续表

摘要	总账科目	明细科目	三级明细	借方	贷方	记账
	应付职工薪酬				93 000	
	附件： 张					
	合计			93 000	93 000	

会计主管：××× 记账：××× 复核：××× 出纳：××× 制单：×××

【例9-5】2013年2月15日，苏州七维物流有限公司依据工资比例的10%计提福利费。

苏州七维物流有限公司2013年2月份福利费计提表

部门	工资基数	计提比例	福利费金额（元）
办公室	30 000	10%	3 000
一车队	20 000	10%	2 000
二车队	25 000	10%	2 500
装卸部	18 000	10%	1 800
合计	93 000		9 300

账务处理如下：

记账凭证

2013年2月15日 第＊＊＊＊号

摘要	总账科目	明细科目	三级明细	借方	贷方	记账
计提福利费	管理费用	福利费		3 000		
	劳务成本	运输成本	一车队（人工）	2 000		
	劳务成本	运输成本	二车队（人工）	2 500		
	劳务成本	装卸成本		1 800		
	应付职工薪酬				9 300	
	附件： 张					
	合计			9 300	9 300	

会计主管：××× 记账：××× 复核：××× 出纳：××× 制单：×××

9.2.6 其他费用的归集与分配

物流企业的其他费用包括过路过桥费、驾驶员补贴、车辆维修费、车辆及其他资产折旧费、场站存储占用费等。

【例9-6】2013年2月28日，苏州七维物流有限公司依据过路过桥费报销统计表登记劳务成本，冲抵备用金账户或直接支付款项报销。

2013年2月份过路过桥费汇总表

报销部门	过路过桥费	其他费用（午餐补贴）	合计金额（元）
一车队	10 000	8 000	18 000
二车队	9 600	10 000	19 600
合计	19 600	18 000	37 600

账务处理如下：

记账凭证

2013年2月28日　　第****号

摘要	总账科目	明细科目	三级明细	借方	贷方	记账
报销费用	劳务成本	运输成本	一车队（费用）	18 000		
	劳务成本	运输成本	二车队（费用）	19 600		
	其他应收款	一车队	备用金		18 000	
	其他应收款	二车队	备用金		19 600	
附件：　张						
合计				37 600	37 600	

会计主管：×××　记账：×××　复核：×××　出纳：×××　制单：×××

【例9-7】2013年2月28日，苏州七维物流有限公司依据车辆维修报销统计表登记劳务成本。冲抵备用金账户或直接支付款项报销。（如果企业是小规模纳税人，则进项税额一并计入维修费）

2013年2月份车辆维修汇总表

单位：元

报销部门	维修费	进项税额	合计金额
一车队	10 000	1 700	11 700
二车队	8 000	1 360	9 360
合计	18 000	3 060	21 060

账务处理如下：

记账凭证

2013年2月28日

第****号

摘要	总账科目	明细科目	三级明细	借方	贷方	记账
报销费用	劳务成本	运输成本	一车队（费用）	10 000		
	劳务成本	运输成本	二车队（费用）	8 000		
	应交税费	应交增值税	进项税额	3 060		
	库存现金				21 060	
附件： 张						
合计				21 060	21 060	

会计主管：××× 记账：××× 复核：××× 出纳：××× 制单：×××

【例9-8】2013年2月28日，苏州七维物流有限公司依据折旧计提表登记劳务成本。

2013年2月份折旧计提表

单位：元

受益部门	房屋	车辆	设备	合计金额
一车队	3 000	20 000	2 000	25 000
二车队	2 000	18 000	2 000	22 000
办公室	8 000	4 000	3 000	15 000
营销部	3 000	3 000	1 000	7 000
合计	16 000	45 000	8 000	69 000

账务处理如下：

记账凭证

2013 年 2 月 28 日　　　　第＊＊＊＊号

摘要	总账科目	明细科目	三级明细	借方	贷方	记账
报销费用	劳务成本	运输成本	一车队（费用）	25 000		
	劳务成本	运输成本	二车队（费用）	22 000		
	管理费用			15 000		
	销售费用			7 000		
	累计折旧				69 000	
附件：　张						
合计				69 000	69 000	

会计主管：×××　记账：×××　复核：×××　出纳：×××　制单：×××

【例 9－9】2013 年 2 月 20 日，苏州七维物流有限公司二车队受运输距离限制，接受广东佳吉物流有限公司一单运输业务，运输费用 4 000 元，进项税额 440 元。依据发票登记劳务成本。

账务处理如下：

记账凭证

2013 年 2 月 20 日　　　　第＊＊＊＊号

摘要	总账科目	明细科目	三级明细	借方	贷方	记账
支付运费	劳务成本	运输成本	二车队（费用）	4 000		
	应交税费	应交增值税	进项税额	440		
	银行存款				4 440	
附件：　张						
合计				4 440	4 440	

会计主管：×××　记账：×××　复核：×××　出纳：×××　制单：×××

【例9－10】2013年2月25日，苏州七维物流有限公司一车队在集装箱站台接受吊装服务，吊装费1 000元，进项税额60元。款项尚未支付，依据发票登记劳务成本。

账务处理如下：

记账凭证

2013年2月25日　　　　第＊＊＊＊号

摘要	总账科目	明细科目	三级明细	借方	贷方	记账
支付吊装费	劳务成本	运输成本	一车队（费用）	1 000		
	应交税费	应交增值税	进项税额	60		
	应付账款				1 060	
附件： 张						
合计				1 060	1 060	

会计主管：××× 记账：××× 复核：××× 出纳：××× 制单：×××

9.2.7 收入的确认与结转

依据各项营运收入的取得情况，企业应在“主营业务收入”科目下设置“运输收入”“装卸收入”“仓储收入”等二级明细科目。

物流企业的收入可以是单笔业务开具一张发票确认收入，也可以是一单业务多笔营运开具一张发票确认收入，在会计处理上相同。

期末，将“主营业务收入”转入“本年利润”。

【例9－11】苏州七维物流有限公司承接的张家港新华贸易有限公司的运输业务于2013年2月5日运达目的地。运费4 000元，增值税税额440元，款项未收。3月10日，收到张家港新华贸易有限公司支票一张，金额4 440元，并于当日存入银行。

账务处理如下：

记账凭证

2013 年 2 月 5 日　　第＊＊＊＊号

摘要	总账科目	明细科目	三级明细	借方	贷方	记账
确认收入	应收账款	张家港新华贸易有限公司		4 440		
	主营业务收入	运输收入	二车队		4 000	
	应交税费	应交增值税	销项税额		440	
附件：　张						
合计				4 440	4 440	

会计主管：××× 记账：××× 复核：××× 出纳：××× 制单：×××

记账凭证

2013 年 3 月 10 日　　第＊＊＊＊号

摘要	总账科目	明细科目	三级明细	借方	贷方	记账
收到货款	银行存款	建行城中支行		4 440		
	应收账款	张家港新华贸易有限公司			4 440	
附件：　张						
合计				4 440	4 440	

会计主管：××× 记账：××× 复核：××× 出纳：××× 制单：×××

【例 9－12】2013 年 2 月 25 日，苏州七维物流有限公司装卸部在集装箱站台提供装卸劳务服务，取得收入 1 060 元，现金收取款项。

营业税改征增值税后，物流企业提供的运输劳务一般纳税税率为 11%，提供的装卸服务、仓储服务税率为 6%；

营业税改征增值税后，物流企业如果为小规模纳税人，则提供的运输劳务、装卸服务、仓储服务增值税的征收率统一为 3%。小规模纳税人对外提供普通发票或由税务机关代开可用于抵扣的专用发票的税率同样为 3%。

运输收入、装卸收入、仓储收入在核算上是作为主营业务收入还是其他业务收入，可以依据企业核算统计的比例自行确定，一旦确定，当年度内不得随意更改。

账务处理如下：

记账凭证

2013 年 2 月 25 日　　　　第＊＊＊＊号

摘要	总账科目	明细科目	三级明细	借方	贷方	记账
确认收入	库存现金			1 060		
	应交税费	应交增值税	销项税额		60	
	其他业务收入	装卸收入			1 000	
附件：　张						
合计				1 060	1 060	

会计主管：××× 记账：××× 复核：××× 出纳：××× 制单：×××

【例 9－13】2013 年 2 月 28 日，苏州七维物流有限公司汇总当月收入转入“本年利润”。

2 月份收入汇总表　　　　单位：元

部门	收入明细	金额
一车队	运输收入	100 000
二车队	运输收入	80 000
装卸部	装卸收入	60 000
仓储部	仓储收入	50 000
合计		290 000

账务处理如下：

记账凭证

2013年2月28日　　第＊＊＊＊号

摘要	总账科目	明细科目	三级明细	借方	贷方	记账
结转收入	主营业务收入	运输收入	一车队	100 000		
	主营业务收入	运输收入	二车队	80 000		
	其他业务收入	装卸收入		60 000		
	其他业务收入	仓储收入		50 000		
	本年利润				290 000	
附件：　张						
合计				290 000	290 000	

会计主管：×××　记账：×××　复核：×××　出纳：×××　制单：×××

9.2.8 成本的确认与结转

依据各项营运收入所对应的成本情况，企业平时月份一般按照毛利率确认成本，借记“主营业务成本”，贷记“劳务成本”。在每年年末，依据企业本年度实际各项成本的发生额来调整“主营业务成本”，进行补充确认或者冲抵多确认的额度。

在借记“主营业务成本”，贷记“劳务成本”时，“劳务成本”应依据材料、人工、费用的明细进行结转，本章为了清晰反映“主营业务成本”，不再举例“劳务成本”的明细。

物流企业的毛利率可以参照其他企业，也可以参照本企业的其他年度制定。在企业成立初期，可以每个季度调整一次，在基本稳定、准确时再每年调整一次。

期末，将“主营业务成本”转入“本年利润”。

【例9-14】2013年2月28日，苏州七维物流有限公司依据汇总的当月收入和毛利率确认当月的“主营业务成本”。

2月份成本确认表（确认联）　　单位：元

部门	收入明细	收入金额	1-毛利率	成本金额
一车队	运输收入	100 000	1-30%=70%	70 000
二车队	运输收入	80 000	1-30%=70%	56 000
装卸部	装卸收入	60 000	1-40%=60%	36 000
仓储部	仓储收入	50 000	1-50%=50%	25 000
合计		290 000		187 000

账务处理如下：

记账凭证

2013年2月28日　　　　第＊＊＊＊号

摘要	总账科目	明细科目	三级明细	借方	贷方	记账
确认成本	主营业务成本	运输收入	一车队	70 000		
	主营业务成本	运输收入	二车队	56 000		
	其他业务成本	装卸收入		36 000		
	其他业务成本	仓储收入		25 000		
	劳务成本				187 000	
附件：　张						
合计				187 000	187 000	

会计主管：×××　记账：×××　复核：×××　出纳：×××　制单：×××

【例9－15】2013年2月28日，苏州七维物流有限公司依据确认的当月营业成本结转“本年利润”。

2月份成本确认表（结转联）　　　　单位：元

部门	收入明细	收入金额	1－毛利率	成本金额
一车队	运输收入	100 000	1－30%＝70%	70 000
二车队	运输收入	80 000	1－30%＝70%	56 000
装卸部	装卸收入	60 000	1－40%＝60%	36 000
仓储部	仓储收入	50 000	1－50%＝50%	25 000
合计		290 000		187 000

账务处理如下：

记账凭证

2013 年 2 月 28 日　　　　第＊＊＊＊号

摘要	总账科目	明细科目	三级明细	借方	贷方	记账
结转成本	本年利润			187 000		
	主营业务成本	运输收入	一车队		70 000	
	主营业务成本	运输收入	二车队		56 000	
	其他业务成本	装卸收入			36 000	
	其他业务成本	仓储收入			25 000	
附件：　张						
合计				187 000	187 000	

会计主管：××× 记账：××× 复核：××× 出纳：××× 制单：×××

第10章

期间费用的会计核算

企业的费用按经济用途分为计入产品成本的费用和不计入产品成本的费用。计入产品成本的费用主要指与开发产品直接有关的费用，可分为直接费用和间接费用，它们都应计入到产品成本中。不计入产品成本的费用即期间费用。与产品成本相比，期间费用有如下几个特点：

◆与产品生产的关系不同。期间费用的发生是为产品生产提供正常的条件和进行管理的需要，而与产品本身并不直接相关；生产成本是指与产品生产直接相关的成本，它们应直接计入或分配计入有关的产品中。

◆与会计期间的关系不同。期间费用只与费用发生的当期有关，不影响或不分摊到其他会计期间；生产成本中当期完工部分当期转为产品成本，未完工部分则结转下一期继续加工，与前后会计期间都有联系。

◆与会计报表的关系不同。期间费用直接列入当期损益表，扣除当期损益；生产成本完工部分转为产成品，已销售产成品的生产成本在转入损益表时列作主营业务成本，而未售产品和未完工的产品都应作为存货列入资产负债表。

物流企业所指“计入产品成本的费用”是指计入劳务成本的费用，也就是计入“劳务成本”作为劳务产品的成本进而转入“主营业务成本”后参与利润计算的费用。认清物流企业所指“计入产品成本的费用”，将有利于对期间费用各科目的理解。

10.1 销售费用的核算

10.1.1 销售费用的核算内容

销售费用指企业在商品销售或提供劳务过程中发生的应由本企业负担的费用。

销售费用包括：企业在提供劳务过程中发生的展览费和广告费、商品维修费、预计产品质量保证损失等费用，以及企业发生的为提供本企业劳务而专设的销售机构的职工薪酬、业务费、折旧费、固定资产修理费等费用。

业务类型	会计分录
归集销售费用时	借：销售费用 　贷：相关科目
结转损益时	借：本年利润 　贷：销售费用

10.1.2 销售费用的核算示范

【例10-1】苏州七维物流有限公司于2013年11月15日以银行存款支付南京雨花广告有限公司本月广告费15 000元。

账务处理如下：

记账凭证

2013年11月15日　　　　第＊＊＊＊号

摘要	总账科目	明细科目	三级明细	借方	贷方	记账
支付广告费	销售费用	广告宣传费		15 000		
	银行存款	建行城中支行			15 000	
附件：　张						
合计				15 000	15 000	

会计主管：×××　记账：×××　复核：×××　出纳：×××　制单：×××

【例10－2】苏州七维物流有限公司2013年11月份营销部门人员工资为42 400元，营销部门专用办公设备折旧费为583.34元。

账务处理如下：

记账凭证

2013年11月20日　　第＊＊＊＊号

摘要	总账科目	明细科目	三级明细	借方	贷方	记账
计提11月份工资	销售费用	工资		42 400		
	应付职工薪酬	工资	营销部		42 400	
附件：　张						
合计				42 400	42 400	

会计主管：×××　记账：×××　复核：×××　出纳：×××　制单：×××

记账凭证

2013年11月20日　　第＊＊＊＊号

摘要	总账科目	明细科目	三级明细	借方	贷方	记账
计提11月份折旧	销售费用	折旧费		583.34		
	累计折旧				583.34	
附件：　张						
合计				583.34	583.34	

会计主管：×××　记账：×××　复核：×××　出纳：×××　制单：×××

【例10－3】月末，苏州七维物流有限公司结转销售费用。

账务处理如下：

记账凭证

2013年11月30日　　第＊＊＊＊号

摘要	总账科目	明细科目	三级明细	借方	贷方	记账
结转营销费用	本年利润			57 983.34		
	销售费用	广告宣传费			15 000.00	
	销售费用	工资			42 400.00	
	销售费用	折旧费			583.34	
附件：　张						
合计				57 983.34	57 983.34	

会计主管：×××　记账：×××　复核：×××　出纳：×××　制单：×××

10.2 管理费用的核算

10.2.1 管理费用的核算内容

管理费用指企业行政管理部门为组织和管理企业的生产经营活动而发生的各项费用。

管理费用包括：企业在筹建期间发生的开办费、董事会和行政管理部门在企业的经营管理中发生的或者应由企业统一负担的公司经费（包括行政管理部门职工薪酬、物料消耗、低值易耗品摊销、办公费和差旅费等）、工会经费、董事会费（包括董事会成员津贴、会议费和差旅费等）、聘请中介机构费、咨询费、诉讼费、业务招待费、房产税、车船使用税、土地使用税、印花税、技术转让费、研究费用、排污费以及企业生产车间和行政管理部门发生的固定资产修理费等。

业务类型	会计分录
归集管理费用时	借：管理费用 　贷：相关科目
结转损益时	借：本年利润 　贷：管理费用

10.2.2 管理费用的核算示范

【例 10－4】苏州七维物流有限公司于 2013 年 11 月 30 日在苏州丽华办公耗材有限公司购买办公用品，支付现金 660 元。

账务处理如下：

记账凭证

2013 年 11 月 30 日　　第＊＊＊＊号

摘要	总账科目	明细科目	三级明细	借方	贷方	记账
买办公用品	管理费用	办公费		660		
	库存现金				660	
附件：　张						
合计				660	660	

会计主管：×××　记账：×××　复核：×××　出纳：×××　制单：×××

【例 10－5】苏州七维物流有限公司管理部门人员 12 月份出差上海学习，报销差旅费 2 184 元（报销费用以银行存款支付）。

账务处理如下：

记账凭证

2013 年 12 月 24 日　　第＊＊＊＊号

摘要	总账科目	明细科目	三级明细	借方	贷方	记账
报销差旅费	管理费用	差旅费		2 184		
	银行存款	建行城中支行			2 184	
附件：　张						
合计				2 814	2 814	

会计主管：×××　记账：×××　复核：×××　出纳：×××　制单：×××

【例 10－6】月末，苏州七维物流有限公司结转管理费用。

账务处理如下：

记账凭证

2013 年 12 月 31 日　　　　第＊＊＊＊号

摘要	总账科目	明细科目	三级明细	借方	贷方	记账
结转管理费用	本年利润			2 844		
	管理费用	办公用品			660	
	管理费用	差旅费			2 184	
附件：　张						
合计				2 844	2 844	

会计主管：×××　记账：×××　复核：×××　出纳：×××　制单：×××

10.3 财务费用的核算

10.3.1 财务费用的核算内容

财务费用指企业在生产经营过程中为筹措资金而发生的各项费用。包括：利息费用（减利息收入）、汇兑损失、银行相关手续费、小企业给予的现金折扣（减享受的现金折扣）等费用。

业务类型	会计分录
归集财务费用时	借：财务费用 　贷：相关科目
结转损益时	借：本年利润 　贷：财务费用

10.3.2 财务费用的核算示范

【例10－7】苏州七维物流有限公司12月份收到建设银行存款利息600元。

账务处理如下：

记账凭证

2013年12月30日　　　　第＊＊＊＊号

摘要	总账科目	明细科目	三级明细	借方	贷方	记账
收到利息	银行存款	建行城中支行		600		
	财务费用	利息收入		－600		
附件：　张						
合计				0	0	

会计主管：×××　记账：×××　复核：×××　出纳：×××　制单：×××

【例10－8】苏州七维物流有限公司2013年12月1日向银行借入短期借款360 000元，期限6个月，年利率5%，该借款本金到期后一次归还，利息分月预提，按季支付。12月份利息处理如下：

计提利息

本金（元）	利率	月利息额（元）
360 000	5%	1 500

账务处理如下：

记账凭证

2013 年 12 月 31 日　　　　第＊＊＊＊号

摘要	总账科目	明细科目	三级明细	借方	贷方	记账
预提利息	财务费用	利息支出		1 500		
	应付利息				1 500	
附件：　　张						
合计				1 500	1 500	

会计主管：××× 记账：××× 复核：××× 出纳：××× 制单：×××

【例 10-9】月末，苏州七维物流有限公司结转财务费用。

账务处理如下：

记账凭证

2013 年 12 月 31 日　　　　第＊＊＊＊号

摘要	总账科目	明细科目	三级明细	借方	贷方	记账
结转财务费用	本年利润			900		
	财务费用	利息收入			-600	
	财务费用	利息支出			1 500	
附件：　　张						
合计				900	900	

会计主管：××× 记账：××× 复核：××× 出纳：××× 制单：×××

第11章

营业外收支业务的会计核算

营业外收支是指与企业的业务经营无直接关系的收益和支出，又称营业外损益。是企业财务成果的组成部分。

营业外收支主要是指营业外收入与营业外支出。营业外收支的主要特点如下：

◆营业外收支一般彼此相互独立，不具有因果关系。

◆营业外收支通常意外出现，企业难以控制。

◆营业外收支通常偶然发生，不重复出现，企业难以预见。

11.1 营业外收入的核算

11.1.1 营业外收入的核算内容

营业外收入属于损益类会计科目，核算与企业生产经营活动没有直接关系的各种收入。本科目应按照营业外收入项目进行明细核算，借记减少贷记增加，月末，可将本科目余额转入“本年利润”科目，结转后本科目应无余额。

营业外收入主要包括：非流动资产处置净收益、政府补助、捐赠收益、盘盈收益、汇兑收益、出租包装物和商品的租金收入、逾期未退包装物押金收益、确实无法偿付的应付款项、已作坏账损失处理后又收回的应收款项、违约金收益等。

11.1.2 营业外收入的核算示范

【例11－1】2013年12月24日，由于供货方违约，苏州七维物流有限公司按合同约定收到苏州星河贸易有限公司支付的违约金10 000元。

账务处理如下：

记账凭证

2013年12月24日　　　　第＊＊＊＊号

摘要	总账科目	明细科目	三级明细	借方	贷方	记账
收到违约金	银行存款	建行城中支行		10 000		
	营业外收入				10 000	
附件：　张						
合计				10 000	10 000	

会计主管：×××　记账：×××　复核：×××　出纳：×××　制单：×××

【例11－2】2013年12月31日，苏州七维物流有限公司在进行现金查账时，发现库存现金较账面余额多出580元。经查，其中300元为应付给甲公司的货款，其余280

元无法查明原因。

账务处理如下：

记账凭证

2013 年 12 月 31 日　　　　第＊＊＊＊号

摘要	总账科目	明细科目	三级明细	借方	贷方	记账
现金盘点	库存现金			580		
	待处理财产损溢				580	
附件：　张						
合计						

会计主管：××× 记账：××× 复核：××× 出纳：××× 制单：×××

记账凭证

2013 年 12 月 31 日　　　　第＊＊＊＊号

摘要	总账科目	明细科目	三级明细	借方	贷方	记账
现金盘盈处理	待处理财产损溢			580		
	其他应付款	甲公司			300	
	营业外收入				280	
附件：　张						
合计				580	580	

会计主管：××× 记账：××× 复核：××× 出纳：××× 制单：×××

【例 11－3】月末，苏州七维物流有限公司结转营业外收入。

账务处理如下：

记账凭证

2013 年 12 月 31 日　　第＊＊＊＊号

摘要	总账科目	明细科目	三级明细	借方	贷方	记账
结转营业外收入	营业外收入			10 280		
	本年利润				10 280	
附件：　张						
合计				10 280	10 280	

会计主管：×××　记账：×××　复核：×××　出纳：×××　制单：×××

11.2 营业外支出的核算

11.1.1 营业外支出的核算内容

营业外支出属于损益类会计科目，核算企业发生的各项营业外支出。“营业外支出”科目应按照支出项目进行明细核算，借记增加贷记减少，月末，可将本科目余额转入“本年利润”科目，结转后本科目应无余额。

营业外支出是指不属于企业生产经营费用，与企业生产经营没有直接的关系。主要包括：存货的盘亏、毁损、报废损失，非流动资产处置净损失，坏账损失，无法收回的长期债券投资损失，无法收回的长期股权投资损失，自然灾害等不可抗力因素造成的损失，税收滞纳金，罚金，罚款，被没收财物的损失，捐赠支出，赞助支出等。

11.1.2 营业外支出的核算示范

【例 11－4】2013 年 1 月 25 日，苏州七维物流有限公司向张家港希望小学捐款 50 000 元，款项用银行存款支付。

账务处理如下：

记账凭证

2013年1月25日　　第5号

摘要	总账科目	明细科目	三级明细	借方	贷方	记账
捐款	营业外支出	捐赠支出		50 000		
	银行存款	建行城中支行			50 000	
附件：　张						
合计				50 000	50 000	

会计主管：×××　记账：×××　复核：×××　出纳：×××　制单：×××

【例11-5】苏州七维物流有限公司应收苏州静雅贸易有限公司货款100 000元。由于经营不善，苏州静雅贸易有限公司于2013年1月22日宣布破产，清算后所有债务只能偿付60%。苏州七维物流有限公司于2013年1月23日收到苏州静雅贸易有限公司款项60 000元。

账务处理如下：

记账凭证

2013年1月23日　　第****号

摘要	总账科目	明细科目	三级明细	借方	贷方	记账
收到静雅公司款项	银行存款	建行城中支行		60 000		
	营业外支出	坏账损失		40 000		
	应收账款	静雅贸易公司			100 000	
附件：　张						
合计				100 000	100 000	

会计主管：×××　记账：×××　复核：×××　出纳：×××　制单：×××

【例 11 -6】月末，苏州七维物流有限公司结转营业外支出。

记账凭证

2013 年 1 月 31 日　　　　第＊＊＊＊号

摘要	总账科目	明细科目	三级明细	借方	贷方	记账
结转营业外支出	本年利润			90 000		
	营业外支出	捐赠支出			50 000	
	营业外支出	坏账损失			40 000	
附件：　张						
合计				90 000	90 000	

会计主管：×××　记账：×××　复核：×××　出纳：×××　制单：×××

第12章

所有者权益业务的会计核算

所有者权益是指企业资产扣除负债后由所有者享有的剩余权益。公司的所有者权益又称为股东权益。所有者权益的来源包括所有者投入的资本、直接计入所有者权益的利得和损失、留存收益等。

企业的权益包括所有者权益和债权人权益两部分，两者都是资产的来源，都对资产具有要求权。所有者权益与债权人权益相比，有其显著的特点：

◆企业所有者只对净资产部分具有所有权。

◆企业所有者有参与企业经营管理的权利。

◆企业所有者以股利或利润的形式参与企业的利润分配，且分配的多少、分配与否与企业的业绩紧密联系。

◆企业所有者不能在某一确定的日期收回其投入的资本。只有在企业清算等情况下，企业的资产支付了破产、清算费用并优先偿还负债后，剩余部分才能在投资者之间按出资比例进行分配。

◆企业所有者投入企业的资本，在企业持续经营期间，除依法转让外，不得以任何形式收回。

12.1 实收资本的核算

12.1.1 实收资本的核算内容

实收资本指投资者按照企业章程或合同、协议的约定，实际投入企业的各种财产、物资的价值。按投资主体，可分为国家投资、法人投资、外商投资和个人投资。该科目按照投资者明细进行核算，借记增加贷记减少，期末一般为贷方余额。

12.1.2 实收资本的核算示范

【例 12－1】苏州七维物流有限公司注册资本 300 万元，2010 年 12 月 1 日收到股东投资款，其中自然人蒋红旗投入 200 万元，自然人李维嘉投入 100 万元。所有投资均已到位并存入银行账户。

账务处理如下：

记账凭证

2010 年 12 月 1 日　　第＊＊＊＊号

摘要	总账科目	明细科目	三级明细	借方	贷方	记账
收到投资款	银行存款	建行城中支行		3 00 0000		
	实收资本	李维嘉			1 000 000	
	实收资本	蒋红旗			2 000 000	
附件：　张						
合计				3 000 000	3 000 000	

会计主管：××× 　记账：××× 　复核：××× 　出纳：××× 　制单：×××

12.2 资本公积的核算

12.2.1 资本公积的核算内容

资本公积指企业收到投资者的超出其在企业注册资本（或股本）中所占份额的投

资，以及直接计入所有者权益的利得和损失等。资本公积包括资本溢价（或股本溢价）和直接计入所有者权益的利得和损失等。该科目按照项目明细进行核算，借记增加贷记减少，期末一般为贷方余额。

12.2.2 资本公积的核算示范

【例12-2】苏州七维物流有限公司为了审批货运代理资质扩大经营规模，决定将注册资本金由原来的300万元追加到500万元，于2011年6月成功引入投资者黄永明，但是按照投资协议，新加入的股东要是享有该公司40%的股份的话，需投入资金250万元，新投资者于2011年6月1日将250万元资金转入苏州七维物流有限公司的账户中。

账务处理如下：

记账凭证

2011年6月1日　　　　第＊＊＊＊号

摘要	总账科目	明细科目	三级明细	借方	贷方	记账
收到投资款	银行存款	建行城中支行		2 500 000		
	实收资本	黄永明			2 000 000	
	资本公积	资本溢价			500 000	
附件：　张						
合计				2 500 000	2 500 000	

会计主管：×××　记账：×××　复核：×××　出纳：×××　制单：×××

【例12-3】因扩大经营规模需要，经决议批准，苏州七维物流有限公司按原出资比例将资本公积50万元转增资本。

账务处理如下：

记账凭证

2013年6月1日　　第＊＊＊＊号

摘要	总账科目	明细科目	三级明细	借方	贷方	记账
资本公积转增资本	资本公积			500 000		
	实收资本	蒋红旗			200 000	
	实收资本	李维嘉			100 000	
	实收资本	黄永明			200 000	
附件：　张						
合计				500 000	500 000	

会计主管：×××　记账：×××　复核：×××　出纳：×××　制单：×××

12.3 留存收益的核算

12.3.1 留存收益的核算内容

留存收益是指企业从历年实现的利润中提取或形成的留存于企业的内部积累，包括盈余公积和未分配利润。

1. 盈余公积的核算内容。

公司制企业的盈余公积包括法定盈余公积和任意盈余公积。法定盈余公积是指企业按照规定的比例从净利润中提取的盈余公积，任意盈余公积是指企业按照股东大会决议提取的盈余公积。按照《中华人民共和国公司法》有关规定，公司制企业应按照净利润（先弥补以前年度亏损）的10%提取法定盈余公积，当累计达到注册资本的50%时可以不再提取。公司提取的盈余公积经批准可用于弥补亏损、转增资本、发放现金股利或利润等。该科目按照项目明细进行核算，借记增加贷记减少，期末一般为贷方余额。

2. 未分配利润的核算内容。

利润分配是指企业根据国家有关规定或企业章程、投资者协议等，对企业当年可供分配的利润所进行的分配。而未分配利润是指企业实现的净利润经过弥补亏损、提取盈余公积和向投资者分配利润后留存在企业的、历年结存的利润。未分配利润有两层含义：一是留待以后年度处理的利润；二是未指定特定用途的利润。从数量上来讲，未分配利润是期初未分配利润，加上本期实现的净利润，减去提取的各种盈余公积和分出利润后的余额。

12.3.2 盈余公积的核算示范

【例12－4】苏州七维物流有限公司2013年实现净利润180万元，本年提取法定盈余公积18万元，向股东分配股利50万元。

账务处理

记账凭证

2013年12月31日　　第＊＊＊＊号

摘要	总账科目	明细科目	三级明细	借方	贷方	记账
结转净利润	本年利润			1 800 000		
	利润分配	未分配利润			1 800 000	
附件：　张						
合计				1 800 000	1 800 000	

会计主管：×××　记账：×××　复核：×××　出纳：×××　制单：×××

记账凭证

2013年12月31日　　第＊＊＊＊号

摘要	总账科目	明细科目	三级明细	借方	贷方	记账
提取盈余公积	利润分配	提取法定盈余公积		180 000		
	利润分配	应付现金股利		500 000		
	盈余公积	法定盈余公积			180 000	
	应付股利	蒋红旗			200 000	
	应付股利	李维嘉			100 000	
	应付股利	黄永明			200 000	
附件：　张						
合计				680 000	680 000	

会计主管：×××　记账：×××　复核：×××　出纳：×××　制单：×××

记账凭证

2013 年 12 月 31 日 第＊＊＊＊号

摘要	总账科目	明细科目	三级明细	借方	贷方	记账
结转利润分配余额	利润分配	未分配利润		680 000		
	利润分配	提取法定盈余公积			180 000	
	利润分配	应付现金股利			500 000	
附件： 张						
合计				680 000	680 000	

会计主管：××× 记账：××× 复核：××× 出纳：××× 制单：×××

【例 12－5】承上例，苏州七维物流有限公司 2013 年 2 月支付股东现金股利 500 000元。

账务处理如下：

记账凭证

2013 年 1 月 1 日 第＊＊＊＊号

摘要	总账科目	明细科目	三级明细	借方	贷方	记账
支付股利	应付股利	蒋红旗		200 000		
	应付股利	李维嘉		100 000		
	应付股利	黄永明		200 000		
	银行存款				500 000	
附件： 张						
合计				500 000	500 000	

会计主管：××× 记账：××× 复核：××× 出纳：××× 制单：×××

第13章

财务报告

财务报告应当包含财务报表和财务情况说明书，财务报表是指企业对外提供的反映企业某一特定日期财务状况和某一会计期间经营成果、现金流量、权益变动及其财务信息的文件。主要包括：资产负债表、利润表、现金流量表、所有者权益变动表以及会计报表附注。财务情况说明书是对财务报表的详尽说明。

本章以苏州七维物流有限公司为例（数据部分进行了调整，与前面章节没有联系），对工业企业的资产负债表、利润表、现金流量表、所有者权益变动表以及会计报表附注进行了详细的描述，对财务报表的编制进行了示范，对财务报告进行了简单说明。

13.1 财务报告概述

13.1.1 财务报告的作用

财务报告是以会计账簿的记录及其他有关资料为依据，将日常核算中大量的、分散的会计资料加以分类、整理、汇总，按照会计制度规定的要求及格式形成会计报表及相关的文字解释和分析，向有关各方传递企业财务状况和经营成果的有关信息。

财务会计报告所披露的信息数据的主要用途归纳如下：

1. 对投资人的作用。

了解企业的盈利水平及发展趋势，结合企业的财务状况，作出是否继续持有投资、追加投资的相关决策。

2. 对债权人的作用。

了解企业的财务状况，评估企业的偿债能力，并以此作为制定或修订贷款政策、信用政策的决策依据。

3. 对政府机构、职能部门的作用。

监督检查企业是否贯彻执行国家有关方针、政策、法律、法规，更好地发挥国家对宏观经济的调控与经济监督的作用。

4. 对企业本身的作用。

了解和掌握企业的生产经营及财务状况，及时分析、总结管理中存在的问题，有利于企业不断提高经营管理水平和经济效益，为企业的经济预测和决策提供依据。

13.1.2 财务报告的内容

财务报告由会计报表和会计报表附注组成。其中，会计报表是财务会计报告的主体和核心部分，主要包括：资产负债表、利润表、现金流量表、所有者权益变动表，会计报表附注是会计报表的补充，主要是对会计报表不能包括的内容或披露不详尽的内容所作的进一步的解释说明。

财务情况说明书是对单位一定会计期间内财务、成本等情况进行分析总结的书面文字报告，也是财务会计报告的重要组成部分。

1. 《企业会计准则》财务会计报告提供的要求。

《企业会计准则》要求企业财务会计报告提供的会计报表包括：资产负债表、利润表、现金流量表、所有者权益变动表及会计报表附注。

2. 《小企业会计准则》财务会计报告提供的要求。

《小企业会计准则》要求企业财务会计报告提供的会计报表至少包括：资产负债表、利润表、现金流量表及会计报表附注。

13.1.3 财务报告编制的基本要求

1. 财务报告提供信息的真实性、可靠性要求。

企业编制财务会计报告，应当根据真实的交易、事项以及完整、准确的账簿资料，并按照国家统一的会计制度规定的编制基础、编制依据、编制原则和方法，做到内容真实、数字准确、资料可靠。

（1）会计要素的确认和计量。

企业应当依照国家统一的会计制度规定，对会计报表中各项会计要素进行合理的确认和计量，不得随意改变会计要素的确认和计量标准。

（2）会计报表的数字。

在会计报表之间、会计报表各项目之间，凡有对应关系的数字，应当相互一致；会计报表中本期与上期的有关数字应当相互衔接。如果不同会计年度会计报表中各项目的内容和核算方法有变更的，应当在年度会计报表中加以说明。

2. 财务报告提供信息的完整性要求。

企业应当按照国家统一的会计制度规定的会计报表的格式和内容，根据登记完整、核对无误的会计账簿记录和其他有关资料编制会计报表。会计报表的填列，以人民币“元”为金额单位，“元”以下填至“分”。任何人不得漏报或者任意取舍会计报表的内容；不得篡改或者授意、指使、强令他人篡改会计报表的有关数字。

（1）结账工作要求。

企业持续经营期间年度结账日为公历年度每年的12月31日；半年度、季度、月度结账日分别为公历年度每半年、每季、每月的最后一天。

企业终止营业的应当在终止营业时按照编制年度财务会计报告的要求全面清查资产、核实债务、进行结账，并编制财务会计报告；在清算期间，应当按照国家统一的会计制度的规定编制清算期间的财务会计报告。

（2）编制报告前工作要求。

全面清查资产、核实债务，确保结算款项：包括应收款项、应付款项、应交税金等是否存在，与债务、债权单位的相应债务、债权金额是否一致；开发产品、开发成本、库存商品等各项存货的实存数量与账面数量是否一致，是否有报废损失和积压物资等；各项投资是否存在，投资收益是否按照国家统一的会计制度规定进行确认和计量；房屋建筑物、机器设备、运输工具等各项固定资产的实存数量与账面数量是否一致；在建工程的实际发生额与账面记录是否一致。

全面审查会计记录：核对会计账簿记录与会计凭证的内容、金额等是否一致，记账方向是否相符；检查相关的会计核算是否按照国家统一的会计制度的规定进行；依照《企业财务会计报告条例》规定的结账日进行结账，结出有关会计账簿的余额和发生额，并核对各会计账簿之间的余额；对于国家统一的会计制度没有规定统一核算方法的交易、事项，检查其是否按照会计核算的一般原则进行确认和计量以及相关账务处理是否合理；检查是否存在因会计差错、会计政策变更等原因需要调整前期或者本期相关项目。

（3）报告格式及内容。

各单位对外报送的财务会计报告应当根据国家统一会计制度规定的格式和要求编制。单位内部使用的财务报告，其格式和要求由各单位自行规定；会计报表附注和财务情况说明书应当按照企业财务报告条例和国家统一的会计制度的规定，对会计报表中需要说明的事项作出真实、完整、清楚的说明。

3. 正确组织会计报告的对外报送要求。

（1）报送对象。

企业应当按照国家有关规定，向政府职能部门、上级主管部门提供财务会计报告；企业应当依照企业章程的规定，向投资者提供财务会计报告；国务院派出监事会的国有重点大型企业、国有重点金融机构和省、自治区、直辖市人民政府派出监事会的国有企业，应当依法定期向监事会提供财务会计报告。

（2）报送时间。

各单位的财务会计报告应当在国家规定的时间内，及时对外报送。目前月度财务报告应于月份终了后的6日内（节假日顺延，下同）对外提供；季度财务会计报告应于季度终了后的15日内对外提供；半年度财务会计报告应在半年度终了后的60天内（相当于两个连续的月份）对外提供；年度财务会计报告应在年度终了后的4个月内对外提供。

（3）报表装订。

企业对外提供的财务报表应当依次编定页数，加具封面，装订成册，加盖公章。

封面上应当注明：企业名称、企业统一代码、组织形式、地址、报表所属年度或者月份、报出日期，并由企业负责人和主管会计工作的负责人、会计机构负责人（会计主管人员）签名并盖章；设置总会计师的企业，还应当由总会计师签名并盖章。

13.2 资产负债表

资产负债表是反映企业在某一特定日期财务状况的会计报表。该表是根据资产、负债和所有者权益（或股东权益）之间的相互关系，按照一定的顺序排列，表明企业在某一特定日期所拥有或控制的经济资源、所承担的现有义务和所有者对净资产的要求权。

通过资产负债表，可以反映企业某一特定日期的资产总额、负债总额以及结构，表明企业拥有和控制的经济资源以及未来需要用多少资产或劳务清偿债务；通过资产负债表，可以反映企业所有者权益的情况，表明投资者在企业资产中所占的份额，了解所有者权益的构成情况。资产负债表还能够提供进行财务分析的基本资料，了解企业的偿债能力、支付能力以及财务状况发展趋势等。

13.2.1 资产负债表的内容与格式

1. 资产负债表的内容。

（1）资产项目。

资产是指由过去的交易或者事项形成并由企业拥有或者控制的资源，该资源预期会给企业带来经济利益。资产按流动性不同，分为流动资产：货币资金、交易性金融资产、应收票据、应收账款、预付账款、应收利息、应收股利、其他应收款、存货及一年内到期的非流动资产等。非流动性资产：长期股权投资、固定资产、在建工程、工程物资、固定资产清理、无形资产、开发支出、长期待摊费用及其他非流动资产等。

（2）负债项目。

负债是指由过去的交易或者事项形成的现时义务，履行该义务预期会导致经济利益流出企业。在资产负债表上，负债应当按照其流动性分为流动负债：短期借款、应付票据、应付账款、预收款项、应付职工薪酬、应交税费、应付利息、应付股利、其他应付款、一年内到期的非流动负债等。非流动性负债：长期借款、应付债券和其他非流动负债等。

（3）所有者权益项目。

所有者权益是指所有者在企业资产中享有的经济利益，其金额为资产减去负债后的余额。在资产负债表上，所有者权益应当按照实收资本（或者股本）、资本公积、盈余公积、未分配利润等分项列示。

2. 资产负债表的格式。

资产负债表的格式有账户式和报告式两种。我国目前企业会计制度规定采用账户式结构。在账户式结构下，资产负债表分为左方和右方。

（1）左方。

资产负债表左方列示资产类项目，以各类资产变现能力的强弱程度为序排列，变现能力强的资产列前，变现能力弱的资产列后。

（2）右方。

资产负债表右方按照负债在前，所有者权益在后的顺序排列。其中，负债是以偿还的急缓程度为序排列，先流动负债后长期负债，以原始投资在前、以派生的留存收益在后的顺序进行排列。

13.2.2 资产负债表的编制方法

资产负债表的编制是以日常会计核算记录的数据为基础进行归类、整理和汇总，加工成报表项目的过程。我国资产负债表主体部分的各项目都列有“年初数”和“期末数”两个栏目，是一种比较资产负债表。以下分别说明各栏目的填列方法。

1. 年初数。

资产负债表年初数栏的数据，根据上年年末资产负债表“期末数”栏内所列数字填列。如果本年度资产负债表规定的各个项目的名称和内容与上年度不相一致，应对上年年末资产负债表各项目的名称和数字按照本年度的规定进行调整，按调整后的数字填列。

2. 期末数。

（1）根据总账科目余额填列。

①直接根据总账科目的余额填列，如“交易性金融资产”“短期借款”“应付票据”“应付职工薪酬”等项目。

②根据几个总账科目的余额计算填列，如“货币资金”项目。

（2）根据有关明细科目的余额计算填列。

①如“应付账款”项目，需要根据“应付账款”和“预付账款”两个科目所属的相关明细科目的期末贷方余额计算填列。

②“应收账款”项目，需要根据“应收账款”和“预收账款”两个科目所属的相关明细科目的期末借方余额计算填列。

（3）根据总账科目和明细科目的余额分析计算填列。

如“长期借款”项目，需要根据“长期借款”总账科目余额扣除“长期借款”科目所属的明细科目中将在一年内到期且企业不能自主将清偿义务展期的长期借款后的金额计算填列。

（4）根据总账科目与其备抵科目抵销后的净额填列。

①如资产负债表中的“应收票据”“应收账款”“长期股权投资”“在建工程”，应用资产科目期末余额扣除相应的减值准备科目余额后的净额填列。

②“固定资产”“投资性房地产”“无形资产”等项目，应用资产科目期末余额扣除相应的减值准备科目及累计折旧（摊销）等的净额填列。

（5）综合运用上述填列方法分析填列。

如资产负债表中的“存货”项目，需根据“原材料”“库存商品”“劳务成本”等总账科目期末余额的分析汇总数，减去“存货跌价准备”科目余额后的净额填列。

13.2.3 资产负债表填列的具体说明

1. 资产类项目的具体说明。

(1) 货币资金。

货币资金反映企业库存现金、银行结算存款、外埠存款、银行汇票存款等的合计数。本项目应根据“库存现金”“银行存款”“其他货币资金”科目的总分类期末余额合计填列。

(2) 交易性金融资产。

交易性金融资产反映以公允价值计量且其变动计入当期损益的金融资产，包括企业为交易目的所持有的债券投资、股票投资、基金投资等。该项目反映其期末公允价值，应根据“交易性金融资产”科目的总分类账期末余额填列。

(3) 应收票据。

应收票据反映企业收到的未到期收款也未向银行贴现的应收票据（银行承兑汇票和商业承兑汇票）。本项目应根据“应收票据”科目的总分类账期末余额减去对应的“坏账准备”余额后的差额填列。

(4) 应收账款。

应收账款反映企业因销售商品、提供劳务等日常生产经营活动应收取的款项。本项目应根据“应收账款”的期末余额分析填列。本项目的金额为“应收账款”科目各明细分类账期末借方余额合计，减去对应的“坏账准备”，加上“预收账款”科目各明细分类账期末借方余额合计。

(5) 预付账款。

预付账款反映企业按照合同规定预付的款项。本项目应根据“预付账款”的期末余额分析填列。本项目的金额为“预付账款”科目各明细分类账期末借方余额合计，减去对应的“坏账准备”，加上“应付账款”科目各明细分类账期末借方余额合计。

(6) 应收利息。

应收利息项目应根据“应收利息”的期末总分类账余额填列。反映企业交易性金融资产、持有至到期投资以及可供出售的金融资产应收取的利息。

(7) 其他应收款。

其他应收款反映企业除存出保证金、应收票据、应收账款、预付账款、应收股利、应收利息以及长期应收款等以外的其他应收款项。本项目的金额为“其他应收款”科目总分类账期末余额，减去对应的“坏账准备”填列。

(8) 存货。

存货反映企业期末在库、在途和在加工中的各项存货的成本。包括：各种原材料、库存商品、周转材料（包装物、低值易耗品等）、消耗性生物资产等。本项目应根据

“劳务成本”“原材料”“库存商品”“周转材料”“存货跌价准备”等科目的期末余额分析填列。

本项目的金额为上述涉及的全部存货项目的会计科目总分类账余额之代数和。所谓代数和是借方余额取正值，贷方余额取负值求和。

（9）一年内到期的非流动资产。

一年内到期的非流动资产是指非流动资产中将要在一年内到期的部分，该项目的金额应根据各非流动资产账簿分析填列。实务中，如“持有至到期投资”“可供出售金融资产”账户中将要在一年内到期收回的部分，应从“持有至到期投资”“可供出售金融资产”项目中扣除，填列在本项目中。对其他非流动资产项目一般不作上述分析填列。

（10）其他流动资产。

其他流动资产反映企业除已单独列示的流动资产项目外的其他流动资产，如“待摊费用”的会计科目。本项目应根据有关科目的期末总分类账余额填列。实务中，涉及该项目的内容较少，如有发生，可依据流动资产中除已单独列示的流动资产项目之外的有关科目的期末总分类账余额分析加总填列。

（11）可供出售金融资产。

可供出售金融资产反映企业期末可供出售金融资产的公允价值。该项目应根据“可供出售金融资产”科目的期末总分类账余额直接填列。

（12）持有至到期投资。

持有至到期投资反映企业期末持有至到期投资的净额。该项目应根据“持有至到期投资”期末总分类账余额减去“持有至到期投资减值准备”期末总分类账余额填列。

（13）长期应收款。

长期应收款反映企业期末长期应收款的净额。该项目应根据“长期应收款”期末总分类账余额减去“长期应收款减值准备”期末总分类账余额填列。

（14）长期股权投资。

长期股权投资反映企业准备长期持有的权益性投资的价值．该项目应根据“长期股权投资”期末总分类账余额减去“长期股权投资减值准备”期末总分类账余额填列。

（15）投资性房地产。

投资性房地产反映企业投资性房地产原价扣除投资性房地产累计折旧和投资性房地产减值准备后的净额。本项目数值为“投资性房地产”科目的期末总分类账余额减去“投资性房地产累计折旧”科目的期末总分类账余额，再减去“投资性房地产减值准备”的期末总分类账余额后的金额填列。

（16）固定资产。

固定资产反映企业固定资产原价扣除累计折旧和固定资产减值准备后的净额。这两个项目应根据“固定资产”科目、“累计折旧”科目和“固定资产减值准备”的期末总分类账余额填列。

（17）在建工程。

在建工程反映企业尚未完工或虽已完工，但尚未办理竣工决算的工程成本。该项目应根据“在建工程”期末总分类账余额减去“在建工程减值准备”期末总分类账余额填列。

（18）工程物资。

工程物资反映企业为在建工程准备的各种物资的成本。该项目应根据“工程物资”期末总分类账余额减去“工程物资减值准备”期末总分类账余额填列。

（19）固定资产清理。

固定资产清理反映企业因出售、报废、毁损、对外投资等原因处置固定资产所转出的固定资产账面价值以及在清理过程中发生的费用等。本项目应根据“固定资产清理”科目的期末借方余额填列；如“固定资产清理”科目期末为贷方余额，以“－”号填列。

（20）生产性生物资产。

生产性生物资产反映企业生产性生物资产原价扣除生产性生物资产累计折旧和生产性生物资产减值准备后的净额。这两个项目应根据“生产性生物资产”科目、“生产性生物资产累计折旧”科目和“生产性生物资产减值准备”的期末总分类账余额填列。

（21）油气资产。

油气资产反映企业油气资产原价扣除累计折耗和油气资产减值准备后的净额。这两个项目应根据“油气资产”科目、“累计折耗”科目和“油气资产减值准备”的期末总分类账余额填列。

（22）无形资产。

无形资产反映企业无形资产原价扣除累计摊销和无形资产减值准备后的净额。这两个项目应根据“无形资产”科目、“累计摊销”科目和“无形资产减值准备”的期末总分类账余额填列。

（23）开发支出。

开发支出反映企业正在进行的无形资产研究开发项目满足资本化条件的支出。该项目应根据“研发支出”科目明细分类账资本化支出明细项目的期末余额填列。

（24）长期待摊费用。

长期待摊费用反映企业尚未摊销完毕的已提足折旧的固定资产的改建支出、经营租入固定资产的改建支出、固定资产的大修理支出和其他长期待摊费用。本项目应根据“长期待摊费用”科目总分类账的期末余额填列。

（25）递延所得税资产。

递延所得税资产反映企业期末确认的递延所得税资产金额。该项目根据“递延所得税资产”总分类账的期末余额直接填列。

(26) 其他非流动资产。

其他非流动资产反映企业除以上非流动资产以外的其他非流动资产。本项目应根据有关科目的总分类账期末余额分析填列。

2. 负债类项目的具体说明。

(1) 短期借款。

短期借款反映企业向银行或其他金融机构等借入的期限在 1 年以内的、尚未偿还的各种借款本金。本项目应根据“短期借款”科目的总分类账期末余额直接填列。

(2) 交易性金融负债。

交易性金融负债反映企业期末交易性金融负债的公允价值。该项目根据“交易性金融负债”科目的总分类账期末余额直接填列。

(3) 应付票据。

应付票据反映企业因购买材料、商品和接受劳务等日常生产经营活动开出、承兑的商业汇票（银行承兑汇票和商业承兑汇票）尚未到期的票面金额。本项目应根据“应付票据”科目的总分类账期末余额直接填列。

(4) 应付账款。

应付账款反映企业因购买材料、商品和接受劳务等日常生产经营活动尚未支付的款项。本项目应根据“应付账款”科目明细分类账的期末贷方余额合计，减去“预付账款”科目明细分类账的期末贷方余额合计填列。

(5) 预收账款。

预收账款反映企业根据合同规定预收的款项。包括：预收的购房款、工程款等。本项目应根据“预收账款”科目明细分类账的期末贷方余额合计，减去“应收账款”科目明细分类账的期末贷方余额合计填列。

(6) 应付职工薪酬。

应付职工薪酬反映企业应付未付的职工薪酬。本项目应根据“应付职工薪酬”科目的总分类账期末余额直接填列。如“应付职工薪酬”科目期末为借方余额，以“-”号直接填列。

(7) 应交税费。

应交税费反映企业期末未交、多交或尚未抵扣的各种税费。本项目应根据“应交税费”科目的期末贷方余额直接填列；如“应交税费”科目期末为借方余额，以“-”号直接填列。

(8) 应付利息。

应付利息反映企业尚未支付的利息费用。本项目应根据“应付利息”科目的总分类账期末余额直接填列。

（9）应付股利。

应付股利反映企业尚未向投资者支付的股利或利润。本项目应根据“应付股利”科目的总分类账期末余额直接填列。

（10）其他应付款。

其他应付款反映企业除应付账款、预收账款、应付职工薪酬、应交税费、应付利息、应付利润等以外的其他各项应付、暂收的款项。包括：应付租入固定资产和包装物的租金、存入保证金等。本项目应根据“其他应付款”科目的总分类账期末余额直接填列。

（11）一年内到期的非流动负债。

一年内到期的非流动负债反映企业非流动负债中一年内到期的部分。该项目根据“长期借款”和“应付债券”以及“长期应付款”科目一年内到期的部分分析填列。

（12）其他流动负债。

其他流动负债反映企业除以上流动负债以外的其他流动负债，如“预提费用”。本项目应根据有关科目的总分类账期末余额汇总直接填列。

（13）长期借款。

长期借款反映企业向银行或其他金融机构借入的期限在1年以上的、尚未偿还的各项借款本金。本项目应根据“长期借款”科目的期末余额扣除一年内到期的部分分析填列。

（14）应付债券。

应付债券反映企业期末尚未偿还的长期债券摊余成本。该项目根据“应付债券”科目的期末余额扣除一年内到期的部分分析填列。

（15）长期应付款。

长期应付款反映企业除长期借款以外的其他各种应付未付的长期应付款项。包括：应付融资租入固定资产的租赁费、以分期付款方式购入固定资产发生的应付款项等。本项目应根据“长期应付款”科目的期末余额扣除一年内到期的部分分析填列。

（16）专项应付款。

专项应付款反应企业期末尚未转销的专项应付款项。该项目根据“专项应付款”科目的期末余额扣除一年内到期的部分分析填列。

（17）预计负债。

预计负债反映企业已经确认尚未支付的负债金额。该项目根据“专项应付款”科目的期末余额直接填列。

（18）递延所得税负债。

递延所得税负债反映企业已经确认的递延所得税负债金额。该项目根据“递延所得税负债”科目的期末余额直接填列。

（19）其他非流动负债。

其他非流动负债反映企业除以上非流动负债项目以外的其他非流动负债。本项目应根据有关科目的期末余额汇总后直接填列。

3. 所有者权益类项目的具体说明。

（1）实收资本。

实收资本反映企业收到投资者按照合同协议约定或相关规定投入的、构成小企业注册资本的部分。本项目应根据“实收资本（或股本）”科目的总分类账期末余额直接填列。

（2）资本公积。

资本公积反映企业收到投资者投入资本超出其在注册资本中所占份额的部分。本项目应根据“资本公积”科目的总分类账期末余额直接填列。

（3）盈余公积。

盈余公积反映企业的法定公积金和任意公积金，外商投资企业的储备基金和企业发展基金。本项目应根据“盈余公积”科目的总分类账期末余额直接填列。

（4）未分配利润。

未分配利润反映企业尚未分配的历年结存的利润。本项目应根据“利润分配”科目的期末余额填列。未弥补的亏损，在本项目内以“－”号填列。

13.2.4 资产负债表填列示范

1. 基础资料。

（1）2012 年 12 月 31 日的资产负债表。

资产负债表

编制单位：苏州七维物流有限公司　　2012 年 12 月 31 日　　单位：元

资产	期末余额	年初余额（略）	负债和股东权益	期末余额	年初余额（略）
流动资产：			流动负债：		
货币资金	1 406 300		短期借款	300 000	
交易性金融资产	15 000		交易性金融负债	0	
应收票据	246 000		应付票据	200 000	
应收账款	399 100		应付账款	853 800	
预付款项	0		预收款项	100 000	

续表

资产	期末余额	年初余额（略）	负债和股东权益	期末余额	年初余额（略）
应收利息	0		应付职工薪酬	110 000	
应收股利	0		应交税费	36 600	
其他应收款	5 000		应付利息	1 000	
存货	2 580 000		应付股利	0	
一年内到期的非流动资产	0		其他应付款	50 000	
其他流动资产	100 000		一年内到期的非流动负债	1 000 000	
流动资产合计	4 751 400		其他流动负债	0	
非流动资产：			流动负债合计	2 651 400	
可供出售金融资产	0		非流动负债：		
持有至到期投资	0		长期借款	600 000	
长期应收款	0		应付债券	0	
长期股权投资	250 000		长期应付款	0	
投资性房地产	0		专项应付款	0	
固定资产	2 600 000		预计负债	0	
在建工程	0		递延所得税负债	0	
工程物资	0		其他非流动负债	0	
固定资产清理	0		非流动负债合计	600 000	
生产性生物资产	0		负债合计	3 251 400	
油气资产	0		股东权益：		
无形资产	600 000		实收资本（或股本）	5 000 000	
开发支出	0		资本公积	0	
商誉	0		减：库存股	0	
长期待摊费用	0		盈余公积	100 000	
递延所得税资产	0		未分配利润	50 000	
其他非流动资产	200 000		股东权益合计	5 150 000	
非流动资产合计	3 650 000				
资产总计	8 401 400		负债和股东权益总计	8 401 400	

（2）2013 年 12 月 31 日和科目余额表。

科目余额表

单位：元

科目名称	借方余额	科目名称	贷方余额
库存现金	2 600	短期借款	60 000
银行存款	805 523	应付票据	100 000
其他货币资金	6 100	应付账款	853 800
应收票据	65 000	预收账款	100 000
应收账款	700 000	其他应付款	149 000
坏账准备	1 800	应付职工薪酬	160 000
预付账款	0	应交税费	226 730
其他应收款	4 000	应付股利	33 215. 85
劳务成本	488 050	长期借款	1 160 000
周转材料	37 150	股本	5 000 000
库存商品	2 113 400	盈余公积	125 760. 40
其他流动资产	100 000	利润分配（未分配利润）	214 016. 75
长期股权投资	350 000		
固定资产	2 385 000		
累计折旧	180 000		
固定资产减值准备	30 000		
工程物资	280 000		
在建工程	400 000		
无形资产	500 000		
累计摊销	50 000		
递延所得税资产	7 500		
其他长期资产	200 000		
合计	8 182 523	合计	8 182 523

2. 资产负债表的填列。

根据2012 年资产负债表、2013 年 12 月 31 日科目余额表，编制2013 年 12 月 31 日资产负债表如下：

资产负债表

编制单位：苏州七维物流有限公司　　2013 年 12 月 31 日　　单位：元

资产	期末余额	年初余额（略）	负债和股东权益	期末余额	年初余额（略）
流动资产：			流动负债：		
货币资金	814 223	1 406 300	短期借款	60 000	300 000
交易性金融资产	0	15 000	交易性金融负债	0	0
应收票据	65 000	246 000	应付票据	100 000	200 000
应收账款	698 200	399 100	应付账款	853 800	853 800
预付款项	0	0	预收款项	100 000	100 000
应收利息	0	0	应付职工薪酬	160 000	110 000
应收股利	0	0	应交税费	226 730	36 600
其他应收款	4 000	5 000	应付利息	0	1 000
存货	2 638 600	2 580 000	应付股利	33 215. 85	0
一年内到期的非流动资产	0	0	其他应付款	149 000	50 000
其他流动资产	100 000	100 000	一年内到期的非流动动负债	0	1 000 000
流动资产合计	4 320 023	4 751 400	其他流动负债	0	0
非流动资产：			流动负债合计	1 682 745. 85	2 651 400
可供出售金融资产	0	0	非流动负债：		
持有至到期投资	0	0	长期借款	1 160 000	600 000
长期应收款	0	0	应付债券	0	0
长期股权投资	350 000	250 000	长期应付款	0	0
投资性房地产	0	0	专项应付款	0	0
固定资产	2 175 000	2 600 000	预计负债	0	0
在建工程	400 000	0	递延所得税负债	0	0
工程物资	280 000	0	其他非流动负债	0	0
固定资产清理	0	0	非流动负债合计	1 160 000	600 000
生产性生物资产	0	0	负债合计	2 842 745. 85	3 251 400

续表

资产	期末余额	年初余额（略）	负债和股东权益	期末余额	年初余额（略）
油气资产	0	0	股东权益：		
无形资产	450 000	600 000	实收资本（或股本）	5 000 000	5 000 000
开发支出	0	0	资本公积	0	0
商誉	0	0	减：库存股	0	0
长期待摊费用	0	0	盈余公积	125 760. 4	100 000
递延所得税资产	7 500	0	未分配利润	214 016. 75	50 000
其他非流动资产	200 000	200 000	股东权益合计	5 339 777. 15	5 150 000
非流动资产合计	3 862 500	3 650 000			
资产总计	8 182 523	8 401 400	负债和股东权益总计	8 182 523	8 401 400

13. 3 利润表

利润表也称为损益表、收益表。是反映企业在一定会计期间经营成果的报表。由于它反映的是某一期间的情况，所以，又属于会计动态报表。

通过利润表，可以反映企业一定会计期间的收入、收益的多少，成本、费用的耗用额度，各类税费的情况，等等。依此确定企业生产经营活动的成果，据以判断资本保值、增值情况。将利润表中的信息与资产负债表中的信息相结合，还可以提供进行财务分析的基本资料，如将赊销收入净额与应收账款平均余额进行比较，计算出应收账款周转率；将销货成本与存货平均余额进行比较，计算出存货周转率；将净利润与资产总额进行比较，计算出资产收益率等。可以表现企业资金周转情况以及企业的盈利能力和水平，便于会计报表使用者判断企业未来的发展趋势，作出经济决策。

13. 3. 1 利润表的内容与格式

1. 利润表的内容。

在利润表中，企业通常按各项收入、费用以及构成利润的各个项目分类分项列示。也就是说，收入按其重要性进行列示，主要包括主营业务收入、其他业务收入、投资收益、补贴收入、营业外收入；费用按其性质进行列示主要包括主营业务成本、主营业务税金及附加、销售费用、管理费用、财务费用、其他业务成本、营业外支出、所得税费用等；利润按营业利润、利润总额和净利润等利润的构成分类分项列示。

2. 利润表的格式。

（1）单步式利润表。

单步式利润表是先将当期所有的收入列在一起，然后将所有的费用列在一起，两者相减得出当期净损益。

（2）多步式利润表。

多步式利润表通过对当期的收入、成本、费用、支出项目按性质加以归类，按利润形成的主要环节列示一些中间性利润指标，如营业利润、利润总额、净利润，分步计算当期净损益。

在我国，利润表采用多步式，每个项目通常又分为“本月数”和“本年累计数”两栏分别列示。

栏次	报表期间	填写说明
“本月数”栏	月份报表	反映各项目的本月实际发生数
	中期报表	填列上年同期累计实际发生数
	年度报表	填列上年全年累计实际发生数
“本年累计数”栏	所有期间	反映各项目自年初起至报告期末止的累计实际发生数

13.3.2 利润表的编制方法

1. 报表数与账簿数据的关系。

本月实际发生数就是本月转入本年利润的各损益类科目金额，也就是各损益类科目总分类账的“本月合计”数额，累计实际发生数也就是各损益类科目总分类账的“本年累计”数额。

在实际工作中，对收入、收益类损益科目贷方归集实际发生数，从借方将发生额转入本年利润科目，一般情况下对于冲回的损益我们在贷方登记负数；对成本、费用、支出类损益科目借方归集实际发生数，从贷方将发生额转入本年利润科目，一般情况下对于冲回的损益我们在借方登记负数。如此登记账簿，保证了账簿中“本月合计”和“本年累计”数值的有用性。否则，对冲回的损益我们在相反的方向登记，那么账簿中“本月合计”和“本年累计”数值就失去了会计信息数据的价值，仅仅成为一种数学数值。

因此，在利润表编制过程中，我们可以依据各月转入本年利润的各损益类科目金额填列“本月数”，依据上月利润表的“累计数”加上本月利润表的“本月数”填列当月利润表的“累计数”。

也可以从账簿中的“本月合计”直接取值填列到利润表中的“本月数”；从账簿中的“本年累计”直接取值填列到利润表中的“本年累计数”。本书编制利润表时为了使读者直观地学习，即采用了这一方法。

2. 本期数及累计数的各栏次。

利润表是反映企业一定时期经营成果的动态报表，因此，该栏内各项目一般根据账户的本期发生额分析填列。

利润表自上而下以收入为起点，分别计算出营业利润、利润总额、净利润和每股收益。其计算步骤为：

（1）将营业收入依次减去营业成本、营业税金及附加、三项期间费用、资产减值损失，然后依次加上公允价值变动损益、投资收益，得出营业利润。

（2）在营业利润的基础上，加上营业外收入，减去营业外支出，计算出利润总额。

（3）在利润总额的基础上，减去所得税费用，得出净利润。

（4）一般企业在计算出净利润后，利润表即编制完成。部分发行股票和债券的企业还要在净利润的基础上，除以在外发行的股数计算出每股的净利润，也就是基本每股收益和稀释每股收益。

13.3.3 利润表填列的具体说明

1. 营业收入。

营业收入反映企业营业收入的发生净额。该项目应根据“主营业务收入”和“其他业务收入”科目的总分类账贷方发生额合计填列。

2. 营业成本。

营业成本反映企业营业成本的发生净额。该项目应根据“主营业务成本”和“其他业务成本”科目的总分类账借方发生额合计填列。

3. 营业税金及附加。

营业税金及附加反映企业营业税金及附加的发生净额。该项目应根据“营业税金及附加”科目的总分类账借方发生额直接取值填列。

4. 销售费用。

销售费用反映企业销售费用的发生净额。该项目应根据“销售费用”科目的总分类账借方发生额直接取值填列。

5. 管理费用。

管理费用反映企业管理费用的发生净额。该项目应根据“管理费用”科目的总分类账借方发生额直接取值填列。

6. 财务费用。

财务费用反映企业财务费用的发生净额。该项目应根据“财务费用”科目的总分类账借方发生额直接取值填列。

7. 资产减值损失。

资产减值损失反映企业因计提资产减值准备而确认的损失金额。该项目应根据“资产减值损失”科目的总分类账借方发生额直接取值填列。

8. 公允价值变动损益。

公允价值变动损益反映企业确认的公允价值变动净收益（或净损失）。该项目应根据公允价值变动损益账户期末转入本年利润账户的余额填列，如为净损失则以“-”号填列。

9. 投资收益。

投资收益反映企业确认的净投资收益（或净损失）。该项目应根据投资收益账户期末转入本年利润账户的余额填列，如为净损失则以“-”号填列。

10. 营业外收入。

营业外收入反映企业营业外收入的发生净额。该项目应根据“营业外收入”科目的总分类账贷方发生额直接取值填列。

11. 营业外支出。

营业外支出反映企业营业外支出的发生净额。该项目应根据“营业外支出”科目的总分类账借方发生额直接取值填列。

12. 所得税费用。

所得税费用反映企业所得税费用的发生净额。该项目应根据“所得税费用”科目的总分类账借方发生额直接取值填列。

13. 基本每股收益。

基本每股收益企业应当按照归属于普通股股东的当期净利润，除以发行在外普通股的加权平均数计算基本每股收益。该项目应根据“当期净利润”“发行在外的普通股加权平均数”分析计算填列。

14. 稀释每股收益。

稀释每股收益是以基本每股收益为基础，假设企业所有发行在外的稀释性潜在普通股均已转换为普通股，从而分别调整归属于普通股股东的当期净利润以及发行在外普通股的加权平均数计算而得的每股收益。又称“冲淡每股收益”，是新会计准则所引入的一个全新概念，用来评价“潜在普通股”对每股收益的影响，以避免该指标虚增可能带来的信息误导。该项目应根据“基本每股收益”“可转换公司债券”“认股权证”“股份期权”等项目分析计算填列。

13.3.4 利润表填列示范

1. 基础资料。

(1) 2012 年的年度利润表。

利　润　表

编制单位：苏州七维物流有限公司　　2012 年度　　单位：元

项目	本期金额	上期金额（略）
一、营业收入	1 205 486	
减：营业成本	664 399	
营业税金及附加	5 458	
销售费用	32 435	
管理费用	270 580	
财务费用	2 614	
资产减值损失		
加：公允价值变动收益（损失以“－”号填列）		
投资收益（损失以“－”号填列）		
其中：对联营企业和合营企业的投资收益		
二、营业利润（亏损以“－”号填列）	230 000	
加：营业外收入	44 604	
减：营业外支出	2 257	
其中：非流动资产处置损失		
三、利润总额（亏损总额以“－”号填列）	272 347	
减：所得税费用	70 810	
四、净利润（净亏损以“－”号填列）	201 537	
五、每股收益	（略）	
（一）基本每股收益		
（二）稀释每股收益		
六、综合收益		
（一）其他综合收益		
（二）综合收益总额		

（2）2013 年的年度科目汇总表。

科目汇总表

（损益类科目累计发生净额）

2013 年度

单位：元

科目名称	借方发生额	贷方发生额
主营业务收入		1 470 000
主营业务成本	732 000	
营业税金及附加	2 000	
销售费用	18 000	
管理费用	153 100	
财务费用	40 500	
资产减值损失	30 800	
投资收益		34 500
营业外收入		50 000
营业外支出	18 500	
所得税费用	84 500	

2．利润表的填列。

根据 2012 年的年度利润表、2013 年的年度科目汇总表，编制 2013 年年度利润表如下：

利　润　表

编制单位：苏州七维物流有限公司　　　　2013 年度　　　　单位：元

项目	本期金额	上期金额
一、营业收入	1 470 000	1 205 486
减：营业成本	732 000	664 399
营业税金及附加	2 000	5 458
销售费用	18 000	32 435
管理费用	153 100	270 580

续表

项目	本期金额	上期金额
财务费用	40 500	2 614
资产减值损失	30 800	
加：公允价值变动收益（损失以“-”号填列）	0	
投资收益（损失以“-”号填列）	34 500	
其中：对联营企业和合营企业的投资收益	0	
二、营业利润（亏损以“-”号填列）	528 100	230 000
加：营业外收入	50 000	44 604
减：营业外支出	18 500	2 257
其中：非流动资产处置损失	（略）	
三、利润总额（亏损总额以“-”号填列）	559 600	272 347
减：所得税费用	84 500	70 810
四、净利润（净亏损以“-”号填列）	475 100	201 537
五、每股收益	（略）	
（一）基本每股收益		
（二）稀释每股收益		
六、综合收益		
（一）其他综合收益		
（二）综合收益总额		

13.4 现金流量表

现金流量表是反映企业一定会计期间现金和现金等价物（以下简称现金）流入和流出的报表。该表是以现金为基础编制的财务状况变动表，它表明企业获得现金的能力。通过现金流量表，可以为会计报表使用者提供企业一定期间现金流入和流出的信息，便于报表使用者了解和评价企业获取现金及现金等价物的能力，并据以预测企业未来现金流量。

现金流量表中所指现金是指企业库存现金以及可以随时用于支付的存款。在会计核算中与库存现金、银行存款、其他货币资金科目核算的内容基本一致。

现金流量表中所指现金等价物是指企业持有的期限短、流动性高、易于转换为已知金额的现金，且价值变动风险很小的投资。主要标志是购入日至到期日在3个月或更短时间内转换为已知现金金额的投资。

13.4.1 现金流量表的内容与结构

1. 现金流量表的内容。

企业一定期间内产生的现金流量按照经营业务发生的性质，分为经营活动产生的现金流量、投资活动产生的现金流量和筹资活动产生的现金流量三大类。

(1) 经营活动产生的现金流量。

经营活动产生的现金流量是指企业投资活动和筹资活动以外的所有交易和事项，包括销售商品或提供劳务、收到返还的税费、购买商品或接受劳务、经营性租赁、支付工资、支付广告宣传费、交纳税款等。经营活动产生的现金流量是企业通过运用所拥有的资产自身创造的现金流量，主要是与企业净利润有关的现金流量。

(2) 投资活动产生的现金流量。

投资活动产生的现金流量是指企业长期资产的购建和不包括在现金等价物范围内的投资及其处置活动，包括取得和收回的对外投资、购建和处置固定资产、无形资产等。

(3) 筹资活动产生的现金流量。

筹资活动产生的现金流量是指导致企业所有者权益及借款规模和构成发生变化的活动，包括吸收投入资本、发行股票、分配利润、取得和偿还银行借款、发行和偿还企业债券等。

2. 现金流量表的结构。

现金流量表由正表和补充资料两部分构成。

(1) 正表。

正表采用报告式结构。按照现金流量的性质，依次分类反映。主要包括：经营活动产生的现金流量；投资活动产生的现金流量；筹资活动产生的现金流量；汇率变动对现金的影响；现金及现金等价物增加额。

(2) 补充资料。

补充资料是对正表进行的补充说明。主要包括：净利润调节为经营活动产生的现金流量；不涉及现金收支的投资活动和筹资活动；现金及现金等价物净增加情况。

13.4.2 现金流量表的编制方法

现金流量表是按收付实现制反映企业报告期内经营活动、投资活动、筹资活动的现金流动信息。由于企业编制现金流量表之前的会计信息都是按权责发生制基础产生的，编制现金流量表的过程实际上是对这些会计信息重新整理的过程，这个过程的核心内容就是将权责发生制下的会计资料转换为按收付实现制表示的现金流动。

按照我国现行会计制度规定，现金流量表的正表要求采用直接法填列，采用直接法时，有关企业现金流入和现金流出的信息可以直接从企业会计记录中获得，也可以在利润表中营业收入、营业成本等数据的基础上，通过调整有关资产负债表项目来获得。补充资料中要求采用间接法反映经营活动产生的现金流量，以对正表中按直接法反映的经营活动现金流量相核对和补充说明。

采用直接法编报的现金流量表，便于分析企业经营活动产生的现金流量的来源和用途，预测企业现金流量的未来前景；采用间接法编报现金流量表，便于将净利润与经营活动产生的现金流量净额进行比较，了解净利润与经营活动产生的现金流量差异的原因，从现金流量的角度分析净利润的质量。所以，我国企业会计准则规定企业应当采用直接法编报现金流量表，同时要求在附注中提供以净利润为基础调节到经营活动现金流量的信息。

1. 直接法。

所谓“直接法”是通过现金收入和现金支出的主要类别直接反映来自企业经营活动的现金流量的一种方法。采用直接法提供的信息有助于评价企业未来现金流量。所谓“间接法”是以本期净利润为起算点，调整不涉及现金的收入、费用、营业外收支以及经营性应收应付等项目的增减变动，据此计算并列示出经营活动现金流量的一种方法。

在直接法下，一般是以利润表中的营业收入为起算点，调节与经营活动有关的项目的增减变动，然后计算出经营活动产生的现金流量。实务中，直接法下一般采用工作底稿法程序、T形账户法程序和分析填列法程序。

（1）工作底稿法程序。

采用工作底稿法编制现金流量表，是以工作底稿为手段，以资产负债表和利润表数据为基础，对每一项目进行分析并编制调整分录，从而编制现金流量表。

工作底稿法的程序是：

第一步，将资产负债表的期初数和期末数过入工作底稿的期初数栏和期末数栏。

第二步，对当期业务进行分析并编制调整分录。编制调整分录时，要以利润表项目为基础，从“营业收入”开始，结合资产负债表项目逐一进行分析。在调整分录中，有关现金和现金等价物的事项，并不直接借记或贷记现金，而是分别计入“经营活动产生的现金流量”“投资活动产生的现金流量”“筹资活动产生的现金流量”有关项目，借记表示现金流入，贷记表示现金流出。

第三步，将调整分录过入工作底稿中的相应部分。

第四步，核对调整分录，借方、贷方合计数均已经相等，资产负债表项目期初数加减调整分录中的借贷金额以后，也等于期末数。

第五步，根据工作底稿中的现金流量表项目部分编制正式的现金流量表。

（2）T形账户法程序。

采用T形账户法编制现金流量表，是以T形账户为手段，以资产负债表和利润表数据为基础，对每一项目进行分析并编制调整分录，从而编制现金流量表。

T形账户法的程序是：

第一步，为所有的非现金项目（包括资产负债表项目和利润表项目）分别开设T形账户，并将各自的期末期初变动数过入各该账户。如果项目的期末数大于期初数，则将差额过入和项目余额相同的方向；反之，过入相反的方向。

第二步，开设一个大的“现金及现金等价物”T形账户，每边分为经营活动、投资活动和筹资活动三个部分，左边记现金流入，右边记现金流出。与其他账户一样，过入期末期初变动数。

第三步，以利润表项目为基础，结合资产负债表分析每一个非现金项目的增减变动，并据此编制调整分录。

第四步，将调整分录过入各T形账户，并进行核对，该账户借贷相抵后的余额与原先过入的期末期初变动数应当一致。

第五步，根据大的“现金及现金等价物”T形账户编制正式的现金流量表。

（3）分析填列法程序。

分析填列法是直接根据资产负债表、利润表和有关会计科目明细账的记录，分析计算出现金流量表各项目的金额，并据以编制现金流量表的一种方法。

2. 间接法。

在间接法下，将净利润调节为经营活动现金流量，实际上就是将按权责发生制原则确定的净利润调整为现金净流入，并剔除投资活动和筹资活动对现金流量的影响。

13.4.3 现金流量表填列的具体说明

1. 经营活动产生的现金流量。

（1）销售商品、提供劳务收到的现金。

销售商品、提供劳务收到的现金反映企业销售商品、提供劳务实际收到的现金，包括销售收入和应向购买者收取的增值税销项税额，具体包括：本期销售商品、提供劳务收到的现金，以及前期销售商品、提供劳务本期收到的现金和本期预收的款项，减去本期销售本期退回的商品和前期销售本期退回的商品支付的现金。

销售商品、提供劳务收到的现金项目 = 本期销售商品、提供劳务收到的现金 + 本期收到前期的应收账款 + 本期收到前期的应收票据 + 本期的预收账款 − 本期因销售退

回而支付的现金＋本期收回前期核销的坏账损失

（2）收到的税费返还。

收到的税费返还反映企业收到返还的各种税费，如收到的增值税、营业税、所得税、消费税、关税和教育费附加返还款等。

工作中，可以从“营业外收入”“应交税费”“其他应收款”等科目的明细分类账对照“银行存款”日记账取得。企业收到的税费返还业务，一般业务量较小，所以填列起来也并不复杂。

（3）收到其他与经营活动有关的现金。

收到其他与经营活动有关的现金反映企业收到的其他与经营活动有关的现金，如罚款收入、经营租赁固定资产收到的现金、投资性房地产收到的租金收入、流动资产损失中由个人赔偿的现金收入、除税费返还外的其他政府补助收入等。

工作中，可以从“其他业务收入”“营业外收入”“其他应收款”等科目的明细分类账对照“银行存款”日记账、“库存现金”日记账取得。

（4）购买商品、接受劳务支付的现金。

购买商品、接受劳务支付的现金反映企业购买材料、商品、接受劳务实际支付的现金，具体包括：本期购买商品、接受劳务支付的现金，以及本期支付前期购买商品、接受劳务的未付款项和本期预付款项，减去本期发生的购货退回收到的现金。

购买商品、接受劳务支付的现金项目＝本期购买商品、接受劳务支付的现金＋本期支付前期的应付票据＋本期支付前期的应付账款＋本期的预付账款＋本期因购货退回而收到的现金

（5）支付给职工以及为职工支付的现金。

支付给职工以及为职工支付的现金反映企业实际支付给职工的现金以及为职工支付的现金，包括本期实际支付给职工的工资、奖金、各种津贴和补贴等，以及为职工支付的其他费用。支付的离退休人员的各项费用和支付给在建工程人员的工资等。支付的离退休人员的各项费用，包括支付的统筹退休金以及未参加统筹的退休人员的费用，在“支付的其他与经营活动有关的现金”项目中反映；支付的在建工程人员的工资，在“购建固定资产、无形资产和其他长期资产所支付的现金”项目中反映。

（6）支付的各项税费。

支付的各项税费反映企业按规定支付的各项税费，包括本期发生并支付的税费，以及本期支付以前各期发生的税费和预交的税金，如支付的教育费附加、矿产资源补偿费、印花税、房产税、土地增值税、车船使用税，以及预交的营业税等。计入固定资产价值、实际支付的耕地占用税等，本期退回的增值税、所得税。本期退回的增值税、所得税在“收到的税费返还”项目中反映。

（7）支付其他与经营活动有关的现金。

支付其他与经营活动有关的现金反映企业除上述各项目外，支付的其他与经营活动有关的现金，如罚款支出、支付的差旅费、业务招待费、保险费等。

支付的与其他经营活动有关的现金项目 = 管理费用 + 销售费用 − 支付给职工的工资薪金支出等 − 非现金支出的折旧等 + 营业外支出中其他经营活动有关的现金支出

2. 投资活动产生的现金流量。

（1）收回投资收到的现金。

收回投资收到的现金反映企业出售、转让或到期收回除现金等价物以外的交易性金融资产、长期股权投资而收到的现金，以及收回可供出售金融资产、持有至到期金融资产本金而收到的现金和出售投资性房地产而收到的现金。不包括可供出售金融资产、持有至到期金融资产收回的利息，以及收回的非现金资产。

工作中，企业债权性投资和权益性投资业务量相对较小，可以从“交易性金融资产”“投资性房地产”“长期股权投资”“可供出售金融资产”和“持有至到期金融资产”账簿中对照“银行存款”日记账查阅。

（2）取得投资收益收到的现金。

取得投资收益收到的现金反映企业权益性投资和债权性投资而取得的现金股利。包括从子公司、联营企业和合营企业分回利润收到的现金，以及因债权性投资收到的现金利息收入。

工作中，企业债权性投资和权益性投资业务量相对较小，可以从“长期股权投资”“可供出售金融资产”和“持有至到期金融资产”以及“投资收益”账簿中对照“银行存款”日记账查阅。

（3）处置固定资产、无形资产和其他长期资产收回的现金净额。

处置固定资产、无形资产和其他长期资产收回的现金反映企业出售固定资产、无形资产和其他长期资产所取得的现金，减去为处置这些资产而支付的有关费用后的净额。处置固定资产、无形资产和其他长期资产所收到的现金，与处置活动支付的现金，两者在时间上比较接近，以净额反映更能反映处置活动对现金流量的影响，且由于金额不大，故以净额反映。由于自然灾害等原因所造成的固定资产等长期资产的报废、毁损而收到的保险赔偿收入，也在本项目中反映。固定资产报废、毁损的变卖收益以及遭受灾害而收到的保险赔偿收入等，也包括在本项目中。如处置固定资产、无形资产和其他长期资产所收回的现金净额为负数，则应作为投资活动产生的现金流量，在“支付的其他与投资活动有关的现金”项目中反映。

工作中，企业处置固定资产、无形资产和其他长期资产为非日常业务，所以业务量相对较小，可以从“固定资产清理”“营业外收入”和“营业外支出”以及相关资产账簿中对照“银行存款”“库存现金”日记账查阅。

（4）收到其他与投资活动有关的现金。

收到其他与投资活动有关的现金反映企业除上述投资各项目外，收到的其他与投资活动有关的现金。其他与投资活动有关的现金，如果价值较大的，应单独列示现金流量项目反映。工作中，本项目可根据处置有关资产的科目记录分析查阅填列。

（5）购建固定资产、无形资产和其他长期资产支付的现金。

购建固定资产、无形资产和其他长期资产支付的现金反映企业购买、建造固定资产，取得无形资产和其他长期资产所支付的现金，包括购买机器设备所支付的现金及增值税款、建造工程支付的现金、支付在建工程人员的工资等现金支出。不包括为购建固定资产而发生的借款利息资本化部分，以及融资租入固定资产所支付的租赁费。

为购建固定资产而发生的借款利息资本化部分，以及融资租入固定资产所支付的租赁费，应在“筹资活动产生的现金流量——支付的其他与筹资活动有关的现金”项目中反映，不在本项目中反映。企业以分期付款方式购建的固定资产，其首次付款支付的现金在本项目中反映，以后各期支付的现金在“筹资活动产生的现金流量——支付的其他与筹资活动有关的现金”项目中反映。

（6）投资支付的现金。

投资支付的现金反映企业进行权益性投资和债权性投资所支付的现金，包括企业取得的除现金等价物以外的短期股票投资、短期债券投资、长期股权投资、长期债权投资支付的现金，以及支付的佣金、手续费等附加费用。企业购买债券的价款中含有债券利息的，以及溢价或折价购入的，均按实际支付的金额反映。

企业购买股票和债券时，实际支付的价款中包含的已宣告但尚未领取的现金股利或已到付息期但尚未领取的债券利息，应在“支付的其他与投资活动有关的现金”项目中反映；收回购买股票和债券时支付的已宣告但尚未领取的现金股利或已到付息期但尚未领取的债券利息，应在“收到的其他与投资活动有关的现金”项目中反映。

（7）支付其他与投资活动有关的现金。

支付其他与投资活动有关的现金反映企业除上述各投资项目外支付的其他与投资活动有关的现金。其他与投资活动有关的现金，如果价值较大的，应单独列示现金流量项目反映。工作中，本项目可根据有关投资资产的科目记录分析查阅填列。

3. 筹资活动产生的现金流量

（1）吸收投资收到的现金。

吸收投资收到的现金反映企业以发行股票、债券等方式筹集资金实际收到的款项净额（发行收入减去支付的佣金等发行费用后的净额）。

以发行股票、债券等方式筹集资金而由企业直接支付的审计、咨询等费用，不在本项目中反映，而在“支付的其他与筹资活动有关的现金”项目中反映；由金融企业直接支付的手续费、宣传费、咨询费、印刷费等费用，从发行股票、债券取得的现金收入中扣除，以净额列示。

（2）取得借款收到的现金。

取得借款收到的现金反映企业举借各种短期、长期借款而收到的现金。工作中，上述资料示例中的数据，可以从“短期借款”和“长期借款”相关资产账簿中对照“银行存款”日记账查阅分析填列。

（3）收到其他与筹资活动有关的现金。

收到其他与筹资活动有关的现金反映企业除上述各项目外收到的其他与筹资活动有关的现金。其他与筹资活动有关的现金，如果价值较大的，应单独列示现金流量项目反映。工作中，本项目可根据有关筹资负债类的科目记录分析查阅填列。

（4）偿还债务支付的现金。

偿还债务支付的现金反映企业以现金偿还债务的本金，包括：归还金融企业的借款本金、偿付企业到期的债券本金等。企业偿还的借款利息、债券利息，在“分配股利、利润或偿付利息所支付的现金”项目中反映，不在本项目中反映。工作中，可以从“短期借款”和“长期借款”相关资产账簿中对照“银行存款”日记账查阅分析填列。

（5）分配股利、利润或偿付利息支付的现金。

分配股利、利润或偿付利息支付的现金反映企业实际支付的现金股利、支付给其他投资单位的利润或用现金支付的借款利息、债券利息所支付的现金。工作中，上述资料示例中的数据，可以从“财务费用”“应付股利”“应付利润”和计入“在建工程”等相关资产账簿中的利息对照“银行存款”日记账查阅分析填列。

（6）支付其他与筹资活动有关的现金。

支付其他与筹资活动有关的现金反映企业除上述各项目外支付的其他与筹资活动有关的现金。例如：“发生筹资费用所支付的现金”“融资租赁所支付的现金”“减少注册资本所支付的现金”项目，在“支付的其他与筹资活动有关的现金”项目中反映。其他与筹资活动有关的现金，如果价值较大的，应单列项目反映。

13.4.4 现金流量表填列示范

苏州七维物流有限公司的资产负债表、利润表、科目余额表、科目汇总表参照本章前几节内容，在此不再逐一列示。

根据上述资料，查阅相关账户明细，填列现金流量表如下：

现金流量表

编制单位：苏州七维物流有限公司　　2013年　　单位：元

项　目	本期金额	上期金额（略）
一、经营活动产生的现金流量		
销售商品、提供劳务收到的现金	1 528 636	
收到的税费返还	0	
收到其他与经营活动有关的现金	0	
经营活动现金流入小计	1 528 636	
购买商品、接受劳务支付的现金	400 363	
支付给职工以及为职工支付的现金	345 900	
支付的各项税费	172 624	
支付其他与经营活动有关的现金	74 000	
经营活动现金流出小计	992 887	
经营活动产生的现金流量净额	535 749	
二、投资活动产生的现金流量		
收回投资收到的现金	19 500	
取得投资收益收到的现金	30 000	
处置固定资产、无形资产和其他长期资产收回的现金净额	301 500	
处置子公司及其他营业单位收到的现金净额	0	
收到其他与投资活动有关的现金	0	
投资活动现金流入小计	351 000	
购建固定资产、无形资产和其他长期资产支付的现金	550 000	
投资支付的现金	0	
取得子公司及其他营业单位支付的现金净额	0	
支付其他与投资活动有关的现金	0	
投资活动现金流出小计	550 000	
投资活动产生的现金流量净额	-199 000	
三、筹资活动产生的现金流量		
吸收投资收到的现金	0	
取得借款收到的现金	560 000	
收到其他与筹资活动有关的现金	0	
筹资活动现金流入小计	560 000	
偿还债务支付的现金	1 250 000	
分配股利、利润或偿付利息支付的现金	14 500	
支付其他与筹资活动有关的现金	224 326	

续表

项　目	本期金额	上期金额（略）
筹资活动现金流出小计	1 488 826	
筹资活动产生的现金流量净额	－928 826	
四、汇率变动对现金及现金等价物的影响	0	
五、现金及现金等价物净增加额	－592 077	
加：期初现金及现金等价物余额	1 406 300	
六、期末现金及现金等价物余额	814 223	

13.5 所有者权益变动表

所有者权益变动表是反映构成所有者权益的各组成部分当期的增减变动情况的报表。

通过对企业所有者权益变动表的阅读，我们可以全面了解企业一定时期所有者权益变动的情况，获知所有者权益总量的增减变动和所有者权益的重要结构性信息，特别是利润分配的情况和直接计入所有者权益的利得、损失，掌握所有者权益增减变动的根源。

13.5.1 所有者权益变动表的内容与结构

1. 所有者权益变动表的内容。

在所有者权益变动表中，企业至少要单独列示反映下列信息的项目：

（1）净利润；

（2）直接计入所有者权益的利得和损失项目及其总额；

（3）会计政策变更和差错更正的累积影响金额；

（4）所有者投入资本和向所有者分配利润等；

（5）提取的盈余公积；

（6）实收资本（或股本）、资本公积、盈余公积、未分配利润的期初和期末余额及其调节情况。

2. 所有者权益变动表的格式。

为了清楚地表明构成所有者权益的各组成部分当期的增减变动情况，所有者权益变动表应以矩阵的形式列示。一方面，列示导致所有者权益变动的交易或事项，改变了以往仅仅按照所有者权益的各组成部分反映所有者权益变动情况，而是按所有者权益变动的来源对一定时期所有者权益变动情况进行全面反映；另一方面，按照所有者权益各组成部分（包括实收资本、资本公积、盈余公积、未分配利润和库存股）及其总额列示交易或事项对所有者权益的影响。

根据财务报表列报准则的规定，企业需要提供比较所有者权益变动表，因此，所有者权益变动表还就各项目再分为“本年金额”和“上年金额”两栏分别填列。

13.5.2 所有者权益变动表的填列方法

1. 所有者权益变动表的项目说明。

(1)“上年年末余额”项目。

“上年年末余额”项目，反映企业上年资产负债表中实收资本（或股本）、资本公积、盈余公积、未分配利润的年末余额。

(2)“会计政策变更”和“前期差错更正”项目。

“会计政策变更”和“前期差错更正”项目，分别反映企业采用追溯调整法处理的会计政策变更的累积影响金额和采用追溯重述法处理的会计差错更正的累积影响金额。为了体现会计政策变更和前期差错更正的影响，企业应当在上期期末所有者权益余额的基础上进行调整得出本期期初所有者权益，根据“盈余公积”“利润分配”“以前年度损益调整”等科目的发生额分析填列。

(3)“本年增减变动金额”项目。

“本年增减变动金额”项目分别反映如下内容：

第一，“净利润”项目，反映企业当年实现的净利润（或净亏损）金额，并对应列在“未分配利润”栏。

第二，“直接计入所有者权益的利得和损失”项目，反映企业当年直接计入所有者权益的利得和损失的金额。

“可供出售金融资产公允价值变动净额”项目反映企业持有的可供出售金融资产公允价值变动金额，并对应在“资本公积”栏。

“权益法下被投资单位其他所有者权益变动的影响”项目，反映企业对按照权益法核算的长期股权投资，在被投资单位除当年实现的净损益以外其他所有者权益当年变动中应享有的份额，并对应在“资本公积”栏。

“与计入所有者权益项目相关的所得税影响”项目，反映企业应计入所有者权益项目当年的所得税影响金额，并对应在“资本公积”栏。

第三，“所有者投入和减少资本”项目，反映企业当年所有者投入的资本和减少的资本，其中：

“所有者投入资本”项目，反映企业接受投资者投入形成的实收资本（或股本）和资本溢价或股本溢价，并对应列在“实收资本”和“资本公积”栏。

“股份支付计入所有者权益的金额”项目，反映企业处于等待期中的权益结算的股份支付当年计入资本公积的金额，并对应列在“资本公积”栏。

第四，“利润分配”下各项目，反映当年对所有者（或股东）分配的利润（或股利）金额和按照规定提取的盈余公积金额，并对应列在“未分配利润”和“盈余公积”栏。其中：

“提取盈余公积”项目，反映企业按照规定提取的盈余公积。

“对所有者（或股东）的分配”项目，反映对所有者（或股东）分配的利润（或股利）金额。

第五，“所有者权益内部结转”下各项目，反映不影响当年所有者权益总额的所有者权益各组成部分之间当年的增减变动，包括资本公积转增资本（或股本）、盈余公积转增资本（或股本）、盈余公积弥补亏损等金额。为了全面反映所有者权益各组成部分的增减变动情况，所有者权益内部结转也是所有者权益变动表的重要组成部分，主要指不影响所有者权益总额、所有者权益的各组成部分当期的增减变动。其中：

“资本公积转增资本（或股本）”项目，反映企业以资本公积转增资本或股本的金额。

“盈余公积转增资本（或股本）”项目，反映企业以盈余公积转增资本或股本的金额。

“盈余公积弥补亏损”项目，反映企业以盈余公积弥补亏损的金额。

2. 所有者权益变动表的栏次说明。

(1)“上年金额”栏。

所有者权益变动表“上年金额”栏内各项数字，应根据上年度所有者权益变动表“本年金额”栏内所列数字填列。如果上年度所有者权益变动表规定的各个项目的名称和内容同本年度不相一致，应对上年度所有者权益变动表各项目的名称和数字按本年度的规定进行调整，填入所有者权益变动表“上年金额”栏内。

(2)“本年金额”栏。

所有者权益变动表“本年金额”栏内各项数字一般应根据“实收资本（或股本）”“资本公积”“盈余公积”“利润分配”“库存股”“以前年度损益调整”等科目的发生额分析填列。企业的净利润及其分配情况作为所有者权益变动的组成部分，不需要单独设置净利润分配表列示。

13.5.3 所有者权益变动表填列示范

苏州七维物流有限公司的资产负债表、利润表、科目余额表、科目汇总表参照本章前几节内容，在此不再逐一列示。

根据上述资料，查阅相关账户明细，填列所有者权益变动表如下：

所有者权益变动表

编制单位：苏州七维物流有限公司　　2013 年度　　单位：元

项目	行次	本年金额								本年金额							
		归属于母公司所有者权益						少数股东权益	所有者权益合计	归属于母公司所有者权益						少数股东权益	所有者权益合计
		实收资本（或股本）	资本公积	减：库存股	盈余公积	未分配利润	小计			实收资本（或股本）	资本公积	减：库存股	盈余公积	未分配利润	小计		
栏　次		1	2	3	4	5	6	7	8	1	2	3	4	5	6	7	8
一、上年年末余额	1	5 000 000	0	0	100 000	50 000			5 150 000								
加：会计政策变更	2																
前期差错更正	3																
二、本年年初余额	4	5 000 000	0	0	100 000	50 000			5 150 000								
三、本年增减变动金额（减少以“－”号填列）	5																
（一）净利润	6					475 100			475 100								
（二）直接计入所有者权益的利得和损失	7																
1. 可供出售金融资产公允价值变动净额	8																

续表

项目	行次	本年金额									本年金额								
		归属于母公司所有者权益						少数股东权益	所有者权益合计		归属于母公司所有者权益						少数股东权益	所有者权益合计	
		实收资本（或股本）	资本公积	减：库存股	盈余公积	未分配利润	小计				实收资本（或股本）	资本公积	减：库存股	盈余公积	未分配利润	小计			
2. 权益法下被投资单位其他所有者权益变动的影响	9																		
3. 与计入所有者权益项目有关的所得税影响	10																		
4. 其他	11																		
净利润及直接计入所有者权益的利得和损失小计	12																		
（三）所有者投入和减少资本	13																		
1. 所有者投入资本	14																		
2. 股份支付计入所有者权益的金额	15																		
3. 其他	16																		
（四）利润分配	20																		

续表

项目	行次	本年金额								本年金额							
		归属于母公司所有者权益						少数股东权益	所有者权益合计	归属于母公司所有者权益						少数股东权益	所有者权益合计
		实收资本（或股本）	资本公积	减：库存股	盈余公积	未分配利润	小计			实收资本（或股本）	资本公积	减：库存股	盈余公积	未分配利润	小计		
1. 提取盈余公积	21				25 760. 40	-25 760. 40			0								
其中：法定公积金	22																
任意公积金	23																
2 对所有者（或股东）的分配	28					-285 322. 85			-285 322. 85								
3 其他	29																
（五）所有者权益内部结转	30																
1. 资本公积转增资本（或股本）	31																
2. 盈余公积转增资本（或股本）	32																
3. 盈余公积弥补亏损	33																
4. 其他	34																
四、本年年末余额	35	5 000 000	0	0	125 760. 40	214 016. 75			5 339 777. 15								

13.6 会计报表附注

附注是财务报表不可或缺的组成部分，是对在资产负债表、利润表、现金流量表和所有者权益变动表等报表中列示项目的文字描述或明细资料，以及对未能在这些报表中列示项目的说明等。

财务报表中的数字是经过分类与汇总后的结果，是对企业发生的经济业务的高度简化和浓缩的数字，如果没有形成这些数字所使用的会计政策、理解这些数字所必需的披露，财务报表就不可能充分发挥效用。因此，附注与资产负债表、利润表、现金流量表、所有者权益变动表等报表具有同等的重要性，是财务报表的重要组成部分。报表使用者了解企业的财务状况、经营成果和现金流量，应当全面阅读附注。

13.6.1 会计报表附注披露的基本要求

◆附注披露的信息应是定量、定性信息的结合，能从数量和质量两个角度对企业经济事项完整地进行反映，满足信息使用者的决策需求。

◆附注应当按照一定的结构进行系统合理的排列和分类，有顺序地披露信息。由于附注的内容繁多，因此，更应按逻辑顺序排列，分类披露，条理清晰，具有一定的组织结构，以便于使用者理解和掌握，也更好地实现财务报表的可比性。

◆附注相关信息应当与资产负债表、利润表、现金流量表和所有者权益变动表等报表中列示的项目相互参照，以有助于使用者联系相关联的信息，并由此从整体上更好地理解财务报表。

13.6.2 会计报表附注披露的内容

附注应当按照如下顺序披露有关内容：

1. 企业基本情况。

（1）企业注册地、组织形式和总部地址。

（2）企业的业务性质和主要经营活动，如企业所处的行业、所提供的主要产品或服务、客户的性质、销售策略、监管环境的性质等。

（3）母公司以及集团最终母公司的名称。

（4）财务报告的批准报出者和财务报告批准报出日，按照有关法律、行政法规等规定，企业所有者或其他方面有权对报出的财务报告进行修改的事实。

2. 财务报表的编制基础。

财务报表的编制基础包括：会计年度、记账本位币、会计计量所运用的计量基础以及现金和现金等价物的构成。

3．遵循企业会计准则的声明。

企业应当声明编制的财务报表符合企业会计准则的要求，真实、完整地反映了企业的财务状况、经营成果和现金流量等有关信息。以此明确企业编制财务报表所依据的制度基础。如果企业编制的财务报表只是部分地遵循了企业会计准则，附注中就不得做出这种表述。

4．重要会计政策和会计估计。

根据财务报表列报准则的规定，企业应当披露采用的重要的会计政策和会计估计，不重要的会计政策和会计估计可以不披露。

（1）重要会计政策的说明。

企业在发生某项交易或事项允许选用不同的会计处理方法时，应当根据准则的规定从允许的会计处理方法中选择适合本企业特点的会计政策。比如，存货的计价可以选择先进先出法、加权平均法和个别计价法等。为了有助于报表使用者理解，有必要对这些会计政策加以披露，包括：

①财务报表项目的计量基础。会计计量属性包括历史成本、重置成本、可变现净值、现值和公允价值，这直接影响报表使用者的分析，这项披露要求便于使用者了解企业财务报表中的项目是按何种计量基础予以计量的，如存货是按成本还是可变现净值计量等。

②会计政策的确定依据，主要是指企业在运用会计政策过程中所作的对报表中确认的项目金额最具影响的判断。例如，企业应当根据本企业业务的实际情况说明确定金融资产分类的判断标准等。这些判断对在报表中确认的项目金额具有重要的影响。因此，这项披露要求有助于使用者理解企业选择和运用会计政策的背景，增加财务报表的可理解性。

（2）重要会计估计的说明。

财务报表列报准则强调了对会计估计不确定因素的披露要求，企业应当披露会计估计中所采用的关键假设和不确定因素的确定依据，这些关键假设和不确定因素在下一会计期间内很可能导致对资产、负债账面价值进行重大调整。

在确定报表中确认的资产和负债的账面金额过程中，企业有时需要对不确定的未来事项在资产负债表日对这些资产和负债的影响加以估计。例如，固定资产可收回金额的计算需要根据其公允价值减去处置费用后的净额与预计未来现金流量的现值两者之间的较高者确定，在计算资产预计未来现金流量的现值时需要对未来现金流量进行预测，并选择适当的折现率，应当在附注中披露未来现金流量预测所采用的假设及其依据、所选择的折现率为什么是合理的，等等。又如，为正在进行中的诉讼确认预计负债时最佳估计数的确定依据等。这些假设的变动对这些资产和负债项目金额的确定影响很大，有可能会在下一个会计年度内做出重大调整。因此，强调这一披露要求，有助于提高财务报表的可理解性。

（3）会计政策和会计估计变更以及差错更正的说明。

企业应当按照《企业会计准则第 28 号——会计政策、会计估计变更和差错更正》及其应用指南的规定，披露会计政策和会计估计变更以及差错更正的有关情况。

会计政策、会计估计及会计差错更正的披露，是财务报表附注的重要内容。企业采用不同的会计政策、运用不同的会计估计方法以及会计差错更正方法，将产生不同的会计报告结果，因此，会计政策、会计估计及会计差错更正的披露，有助于使用者对财务报表提供的信息作出正确的判断。企业在附注中，应本着重要性原则，披露重要的会计政策和会计估计，并披露会计差错更正的相关信息。

①企业应当披露的重要会计政策包括：发出存货成本的计量、长期股权投资的后续计量、投资性房地产的后续计量、固定资产的初始计量、生物资产的初始计量、无形资产的确认、非货币性资产交换的计量、收入的确认、合同收入与费用的确认、借款费用的处理、合并政策、其他重要会计政策。

②企业在变更会计政策后，除按照相关规定采用追溯调整法或未来适用法进行会计处理之外，还应在附注中披露与会计政策变更有关的信息，应披露的信息包括：会计政策变更的性质、内容和原因；当期和各个列报前期财务报表中受影响的项目名称和调整金额；无法进行追溯调整的，说明该事实和原因以及开始应用变更后的会计政策的时点、具体应用情况。

（4）企业应当披露的重要会计估计。

企业应当披露的重要会计估计，包括：

①存货可变现净值的确定。

②采用公允价值模式下的投资性房地产公允价值的确定。

③固定资产的预计使用寿命与净残值、固定资产的折旧方法。

④生物资产的预计使用寿命与净残值、各类生产性生物资产的折旧方法。

⑤使用寿命有限的无形资产预计使用寿命与净残值。

⑥可回收金额按照资产组的公允价值减去处置费用后的净额确定的，确定公允价值减去处置费用后的净额的方法；可回收金额按照资产组预计未来现金流量的现值确定的，预计未来现金流量及其折现率的确定。

⑦合同完工进度的确定。

⑧权益工具公允价值的确定。

⑨债务人债务重组中转让的非现金资产的公允价值、由债务转成的股份的公允价值和修改其他债务条件后债务的公允价值的确定；债权人债务重组中受让的非现金资产的公允价值、由债权转成的股份的公允价值和修改其他债务条件后债权的公允价值

的确定。

⑩预计负债初始计量的最佳估计数的确定。

⑪金融资产公允价值的确定。

⑫承租人对未确认融资费用的分摊、出租人对未实现融资收益的分配；

⑬探明矿区权益、井及相关设施的折耗方法、与油气开采活动相关的辅助设备及设施的折旧方法。

⑭非同一控制下企业合并成本的公允价值的确定。

⑮其他重要会计估计。

（5）会计估计变更后，除按照相关规定采用未来适用法进行会计处理之外，还应在附注中披露与会计估计变更有关的信息，应披露的信息包括：会计估计变更的内容和原因；会计估计变更对当期和未来期间的影响数；会计估计变更的影响数不能确定的，披露这一事实和原因。

（6）前期会计差错，通常包括计算错误、应用会计政策错误、疏忽或曲解事实以及舞弊产生的影响和存货、固定资产盘盈等。企业除应当按照规定的会计处理方法进行更正，并根据需要调整相应报告数据之外，还应在附注中披露与前期差错更正有关的信息，应披露的信息包括：

①前期差错的性质；

②各个列报前期财务报表中受影响的项目名称和更正金额；

③无法进行追溯重述的，说明该事实和原因以及对前期差错开始进行更正的时点、具体更正情况。

5. 报表重要项目的说明。

企业应当以文字和数字描述相结合，尽可能以列表形式披露报表重要项目的构成或当期增减变动情况，并且报表重要项目的明细金额合计，应当与报表项目金额相衔接。在披露顺序上，一般应当按照资产负债表、利润表、现金流量表、所有者权益变动表的顺序及其项目列示的顺序进行披露。

14.6.3 会计报表附注的编制示范

苏州七维物流有限公司的资产负债表、利润表、科目余额表、科目汇总表、现金流量表参照本章前几节的内容，在此不再逐一列示。

会计准则对附注的编制仅仅做了基本要求，对其内容和编制格式没有具体的要求，本书根据基本要求和一般编制格式，结合苏州七维物流有限公司的相关资料，附注编制如下：

苏州七维物流有限公司会计报表附注
2013 年 12 月 31 日

附注一、公司简介

苏州七维物流有限公司（以下简称“本公司”）于 2008 年 12 月 01 日经国家工商行政管理局批准注册成立。企业法人营业执照注册号：×××××××××××，法定代表人：×××，注册资金：50 万元。经营范围：物流服务、物流辅助服务。

附注二、主要会计政策

1. 会计制度：执行《小企业会计准则》及其补充规定。

2. 会计期间：会计年度为公历每年 1 月 1 日至 12 月 31 日。

3. 记账本位币：人民币。

4. 记账基础和计价原则：以权责发生制为记账基础；除应收账款、其他应收款、短期投资、长期投资、固定资产、在建工程、无形资产按计提相应准备金后以净额列示外，其他资产和负债计价均采用历史成本为计价原则。

5. 记账方法：采用借贷复式记账法。

6. 现金等价物的确认标准：持有期限短、流动性强、易于转化为已知金额现金、价值变动风险很小的短期投资。

7. 外币业务核算方法：公司对年度内发生的外币业务，采用业务发生当日的市场汇率折合为人民币入账；月末对外币账户余额按月末市场汇率的中间价调整，由此产生的汇兑损益，与购建固定资产有关的在固定资产交付使用前计入固定资产，除此之外计入当期财务费用。

8. 合并会计报表编制方法。

（1）编制方法：根据财政部财会字［1995］11 号《关于印发〈合并会计报表暂行规定〉的通知》的规定，以公司本部和纳入合并范围的子公司的会计报表以及其他有关资料为依据，合并各项目数额编制而成。合并时，公司的重大内部交易和资金往来均相互抵销。

（2）对行业特殊及子公司规模较小，符合财政部财会二字［1999］2 号《关于合并会计报表合并范围请示的复函》文件的规定，则不予合并。

9. 坏账损失的核算方法。

（1）坏账的确认标准：因债务人撤销、破产，依照法律清偿程序后确实无法收回的应收款项；因债务人死亡，既无遗产可清偿，又无义务承担人，确实无法收回的应收款项；因债务人逾期未履行偿债义务超过五年，确实无法收回的应收款项。

（2）坏账损失的核算方法：采用备抵法核算，坏账损失发生时，由公司经理提交书面材料，按照公司管理权限，由董事会或股东大会批准后，冲销已提取的坏账准备。

（3）坏账准备的计提方法和计提比例：个别计提法。

10. 存货的核算方法。

（1）存货是指本公司在生产经营过程中为销售或者耗用而储备的原材料、开发产品、开发成本、低值易耗品及发出商品等项目。外购存货按实际成本计价。

（2）存货的盘存制度为永续盘存制。

（3）原材料按实际成本核算，发出计价按加权平均法。

（4）开发产品按实际成本计价，发出计价按加权平均法。

（5）低值易耗品采用五五摊销法进行摊销。

11. 长期投资核算方法。

（1）长期股权投资的核算方法。

长期股权投资的计价及收益确认方法：长期股权投资取得时的成本，为取得长期股权投资时支付的全部价款，或放弃非现金资产的公允价值，或取得长期股权投资的公允价值，包括税金、手续费等相关费用。公司对其他单位的投资占该单位有表决权资本总额的20%以下，或对其他单位的投资虽占该单位有表决权资本总额的20%或20%以上，但不具有控制权或重大影响的，采用成本法核算；公司对其他单位的投资占该单位有表决权资本总额的20%或20%以上，或虽投资不足20%但有控制权或重大影响的，采用权益法核算。公司对其他单位的投资占该单位有表决权资本总额的50%以上编制合并会计报表。若对被投资单位有其他额外的责任（如提供担保），投资账面价值不以减记至零为限。

股权投资差额的摊销方法：合同规定了投资期限的按投资期限摊销；新制度解释二颁布后发生的合同没有规定投资期限的，借方差额在10年内平均摊销，贷方差额记入资本公积。

（2）长期债权投资的核算方法。

长期债权投资的计价及收益确认方法：长期债权投资取得时的成本为取得长期债权投资时支付的全部价款，包括税金、手续费等相关费用。

长期债权投资按期计提利息，计提的利息按债权面值以及票面利率或合同规定的利率计算，并计入当期投资收益。

（3）长期投资减值准备的确认标准、计提方法：对由于市价持续下跌或被投资单位经营状况变化等原因导致其可收回金额低于投资的账面价值，并且降低的价值在可预计的未来期间内不可恢复，将可收回金额低于长期投资账面价值的差额，计提长期股权投资减值准备。已确认损失的长期股权投资价值又得以恢复，在原已确认的投资损失金额内转回。

12. 固定资产及累计折旧的核算方法。

（1）固定资产的标准：指使用年限在1年以上的房屋及建筑物、通用设备、专用设备、运输工具以及其他与生产、经营有关的设备、器具、工具等；不属于生产、经营主要设备的物品，单位价值在2000元以上，并且使用年限超过两年的，也作为固定资产。

（2）固定资产按实际成本计价。

（3）固定资产折旧采用直线法计算，根据固定资产类别、预计经济使用年限和预计净残值率确定折旧率。各类固定资产的折旧年限和年折旧率如下：

固定资产类别	折旧年限（年）	年折旧率（%）
房屋建筑物	20	4.5
机器设备	10	9
运输工具	10	9
办公设备	5	18
其他	5	18

（4）固定资产减值准备：按固定资产的可收回金额低于其账面净值的差额计提固定资产减值准备。对存在下列情况之一者全额计提固定资产减值准备：

①长期闲置不用，在可预见的未来不会再使用，且无转让价值的固定资产；

②由于技术进步等原因，已不可使用的固定资产；

③虽然固定资产尚可使用，但使用后产生大量不合格品的固定资产；

④已遭毁损，以至于不再具有使用价值和转让价值的固定资产；

⑤其他实质上已经不能再给公司带来经济利益的固定资产。

13. 无形资产的计价和摊销方法：

（1）无形资产的计价：以取得时的实际成本计价入账。

（2）无形资产摊销方法：合同规定了收益年限的，按不超过收益年限的期限摊销；合同未规定收益年限而法律规定了有效年限的，按不超过法律规定的有效年限的期限摊销；合同未规定收益年限的且法律也未规定有效年限的，按不超过10年的期限摊销。

（3）无形资产减值准备：按无形资产的可收回金额低于账面价值的差额计提无形资产减值准备。

14. 开办费：于开业当月一次计入当期损益。

15. 长期待摊费用：本公司的长期待摊费用在受益期内平均摊销，但固定资产大修理支出在大修理间隔期内平均摊销；租入固定资产改良支出在租赁期与租赁资产尚可使用年限两者孰短的期限内平均摊销；筹建期间内发生的费用于开始生产经营的当月起一次计入开始生产经营的当月的损益。

16. 借款费用的会计处理方法：公司发生的借款费用在符合《企业会计准则——借款费用》规定的资本化条件的情况下，应当予以资本化，计入该项资产成本；其他借款费用于发生当期确认为费用。

17. 收入确认的方法。

（1）销售商品：公司已将商品所有权上的主要风险和报酬转移给买方；公司不再对该商品实施继续管理权和实际控制权，与交易相关的经济利益能够流入企业；相关的收入和成本能够可靠地计量时，确认营业收入的实现。

（2）提供劳务：在同一年度内开始并完成，在劳务已经提供、收到价款或取得收取价款的依据时，确认劳务收入的实现；如劳务的开始和完成分属不同的会计年度，在提供劳务交易的结果能够可靠估计的情况下，在资产负债表日按完工百分比法确认相关的劳务收入。

（3）他人使用本企业资产：与交易相关的经济利益能够流入企业，收入的金额能可靠地计量时确认为收入。

18. 所得税的会计处理方法：所得税的会计处理采用应付税款法。

19. 利润分配：公司按税后累计净利润的10%提取盈余公积。

附注三、税项

增值税	按销售应税产品收入的11%、6%计算销项税额
营业税	按销售应税产品收入的5%计算缴纳营业税
所得税	公司按过渡期25%的税率计缴所得税
其他税项	按国家和地方有关规定计算缴纳

附注四、会计报表主要项目注释

会计报表主要项目注释（略）。

13.7 财务情况说明书

财务情况说明书是对单位一定会计期间内财务、成本等情况进行分析总结的书面文字报告，也是财务会计报告的重要组成部分。财务报告说明书全面提供公司、企业和其他单位生产经营、业务活动情况。分析总结经营业绩和存在问题及不足，是企业财务会计报告使用者，特别是单位负责人和国家宏观管理部门了解和考核各单位生产经营和业务活动开展情况的重要资料。

13.7.1 财务情况说明书的内容

企业的财务情况说明书一般应当包含以下内容：

1. 企业生产经营状况。

(1) 企业主营业务范围和附属其他业务。

企业主营业务范围和附属其他业务，纳入年度会计决算报表合并范围内企业从事业务的行业分布情况；未纳入合并的应明确说明原因；企业人员、职工数量和专业素质的情况；报表编报口径说明。

(2) 本年度生产经营情况。

本年度生产经营情况，包括主要产品的产量、主营业务量、销售量（出口额、进口额）及同比增减量，在所处行业中的地位，如按销售额排列的名次；经营环境变化对企业生产销售（经营）的影响；营业范围的调整情况；新产品、新技术、新工艺开发及投入情况。

(3) 开发、在建项目的预期进度及工程竣工决算情况。

(4) 其他生产经营情况。

经营中出现的问题与困难，以及需要披露的其他业务情况与事项等。

2. 利润实现与分配。

(1) 主营业务收入实现。

主营业务收入的同比增减额及主要影响因素，包括销售量、销售价格、销售结构变动和新产品销售，以及影响销售量的滞销产品种类、库存数量等。

(2) 主营业务成本变动。

成本费用变动的主要因素，包括原材料费用、能源费用、工资性支出、借款利率调整对利润增减的影响。

(3) 其他业务收支。

其他业务收入及支出的增减变化，若其收入占主营业务收入 10%（含 10%）以上的，则应按类别披露有关数据。

(4) 影响其他收益的主要事项。

影响其他收益的主要事项，包括投资收益，特别是长期投资损失的金额及原因；补贴收入各款项来源、金额以及扣除补贴收入的利润情况；影响营业外收支的主要事项、金额。

(5) 利润分配情况。

（6）利润表项目变动。

利润表中的项目，如两个期间的数据变动幅度达 30%（含 30%）以上，且占报告期利润总额 10%（含 10%）以上的，应明确说明原因。

（7）会计政策。

会计政策变更的原因及其对利润总额的影响数额，会计估计变更对利润总额的影响数额。

3. 资金的增减与变动。

（1）资产的比重变化。

各项资产所占比重，应收账款、其他应收款、存货、长期投资等变化是否正常，增减原因；长期投资占所有者权益的比率及同比增减情况、原因、购买和处置子公司及其他营业单位的情况。

（2）资产损失情况。

资产损失情况，包括待处理财产损溢主要内容及其处理情况，按账龄分析三年以上的应收账款和其他应收款未收回原因及坏账处理办法，长期积压商品物资、不良长期投资等产生的原因及影响。

（3）负债的比重。

流动负债与长期负债的比重，长期借款、短期借款、应付账款、其他应付款同比增加金额及原因；企业偿还债务的能力和财务风险状况；三年以上的应收账款和其他应付款金额、主要债权人及未付原因；逾期借款本金和未还利息情况。

（4）资产负债表项目变动。

资产、负债、所有者权益项目中，如两个期间的数据变动幅度达 30%（含 30%）以上，且占报告期资产总额 5%（含 5%）以上的，应明确说明原因。

4. 税金缴纳情况。

各类税费的缴纳情况和税种、税率的变化情况。

5. 企业其他需要说明的重大情况。

13.7.2 财务情况说明书的编写要求

企业的财务情况说明书没有固定格式，编写时可以参照如下基本要求：

1. 突出重点。

对财务报告使用者比较关心的问题和当前经济运行重点、热点、变动指标比较大的情况进行分析，同时关注一般内容的披露。

2. 观点明确。

有主有次抓住问题，清晰明了，措辞严谨，不能模棱两可。

3. 注重实效。

财务报告具有一定的时效性，时效性直接影响报告质量，编写时紧扣时间点和期间。

4. 客观公正。

财务情况说明书尽可能客观公正，用数据说话，适当预测，不可估计猜测。

5. 文字简练。

条理清楚、逻辑严谨、语言简练、内容通俗，少使用过于专业的术语，在专业术语使用上要区别于会计报表附注。

附录：物流企业分类与评估指标

中华人民共和国国家标准
物流企业分类与评估指标
GB/T19680——2005

1. 范围

本标准规定了物流企业的定义与分类原则、方法，明确了我国物流企业的类型与评估指标。本标准适用于我国各类物流企业的界定，物流市场对物流企业的评价与选择，也可作为对物流企业进行规范与管理的依据。

2. 规范性引用文件

下列文件中的条款通过本标准的引用而成为本标准的条款。凡是注日期的引用文件，其随后所有的修改单（不包括勘误的内容）或修订版均不适用于本标准，然而，鼓励根据本标准达成协议的各方研究是否可使用这些文件的最新版本。凡是不注日期的引用文件，其最新版本适用于本标准。

GB/T 18354 物流术语

3. 术语和定义

GB/T 18354 确立的以及下列术语和定义适用于本标准。

3.1 物流企业 Logistics cnterprise

至少从事运输（含运输代理、货物快递）或仓储一种经营业务，并能够按照客户物流需求对运输、储存、装卸、包装、流通加工、配送等基本功能进行组织和管理，具有与自身业务相适应的信息管理系统，实行独立核算、独立承担民事责任的经济组织，非法人物流经济组织可比照适用。

注：改写 GB/T 18354 – 2001，基本概念术语 3.12。

3.2 物流服务 Logistics service

物流供应方通过对运输、储存、装卸、搬运、包装、流通加工、配送和信息管理等基本功能的组织与管理来满足其客户物流需求的行为。

3.3 综合物流服务 integtated logistics service

为客户制订整体性的物流方案，并对物流活动要素进行规划、组织、实施和系统化运作。

3.4 物流信息管理 Logistics information management

应用现代信息技术和手段完成物流过程中信息的采集、处理、存储、传输和交换，实现物流信息电子化、数字化、网络化。

4. 分类原则、方法

4.1　分类原则

a）符合3.1的企业；

b）相近业务合并为同一类型；

c）应将传统单项服务功能与物流服务功能相结合。

4.2　分类方法

根据以物流服务某项功能为主要特征，并向物流服务其他功能延伸的不同状况，划分物流企业类型。

5. 物流企业类型

5.1　运输型物流企业

运输型物流企业应同时符合以下要求：

a）以从事货物运输服务为主，包括货物快递服务或运输代理服务，具备一定规模；

b）可以提供门到门运输、门到站运输、站到门运输、站到站运输服务和其他物流服务；

c）企业自有一定数量的运输设备；

d）具备网络化信息服务功能，应用信息系统可对运输货物进行状态查询、监控。

5.2　仓储型物流企业

仓储型物流企业应同时符合以下要求：

a）以从事仓储业务为主，为客户提供货物储存、保管、中转等仓储服务，具备一定规模；

b）企业能为客户提供配送服务以及商品经销、流通加工等其他服务；

c）企业自有一定规模的仓储设施、设备，自有或租用必要的货运车辆；

d）具备网络化信息服务功能，应用信息系统可对货物进行状态查询、监控。

5.3　综合服务型物流企业

综合服务型物流企业应同时符合以下要求：

a）从事多种物流服务业务，可以为客户提供运输、货运代理、仓储、配送等多种物流服务，具备一定规模；

b）根据客户的需求，为客户制订整合物流资源的运作方案，为客户提供契约性的综合物流服务；

c）按照业务要求，企业自有或租用必要的运输设备、仓储设施及设备；

d）企业具有一定运营范围的货物集散、分拨网络；

e）企业配置专门的机构和人员，建立完备的客户服务体系，能及时、有效地提供客户服务；

f）具备网络化信息服务功能，应用信息系统可对物流服务全过程进行状态查询和监控。

6 物流企业评估指标

6.1　等级评估原则

能够全面、系统反映企业综合能力，对于具备一定综合水平的三种类型的物流企业，按照不同评估指标分为 AAAAA、AAAA、AAA、AA、A 五个等级。AAAAA 级最高，依次降低。

物流企业评估工作可由全国性物流企业组织设立评估机构具体实施。

6.2　评估指标

6.2.1　运输型物流企业

运输型物流企业评估指标见表 1。

6.2.2　仓储型物流企业

仓储型物流企业评估指标见表 2。

6.2.3　综合服务型物流企业

综合服务型物流企业评估指标见表 3。

表1　运输型物流企业评估指标

评估指标		级别				
		AAAAA 级	AAAA 级	AAA 级	AA 级	A 级
经营状况	1. 年货运总营业收入/元 *	15 亿以上	3 亿以上	6000 万以上	1 000 万以上	300 万以上
	2. 营业时间 *	3 年以上	2 年以上		1 年以上	
资产	3. 资产总额/元 *	10 亿以上	2 亿以上	4000 万以上	800 万以上	300 万以上
	4. 资产负债率 *	不高于 70%				
设备设施	5. 自有运输车辆(辆) *（或总载重量/t）*	1500 以上（7500 以上）	400 以上（2000 以上）	150 以上（750 以上）	80 以上（400 以上）	30 以上（250 以上）
	6. 运营网点（个）	50 以上	30 以上	15 以上	10 以上	5 以上
管理及服务	7. 管理制度	有健全的经营、财务、统计、安全、技术等机构和相应的管理制度				
	8. 质量管理 *	通过 ISO 9001－2000 质量管理体系认证				
	9. 业务辐射面 *	国际范围	全国范围	跨省区	省内范围	
	10. 顾客投诉率（或顾客满意度）	≤0.05%（≥98%）	≤0.1%（≥95%）		≤0.5%（≥90%）	
人员素质	11. 中高层管理人员	*80% 以上具有大专以上学历或行业组织物流师认证	60% 以上具有大专以上学历或行业组织物流师认证		30% 以上具有大专以上学历或行业组织物流师认证	
	12. 业务人员	60% 以上具有中等以上学历或专业资格	50% 以上具有中等以上学历或专业资格		30% 以上具有中等以上学历或专业资格	
信息化水平	13. 网络系统 *	货运经营业务信息全部网络化管理			物流经营业务信息部分网络化管理	
	14. 电子单证管理	90% 以上	70% 以上		50% 以上	
	15. 货物跟踪 *	90% 以上	70% 以上		50% 以上	
	16. 客户查询 *	建立自动查询和人工查询系统			建立人工查询系统	

注：1. 标注 * 的指标为企业达到评估等级的必备指标项目，其他为参考指标项目。

注：2. 货运营业收入包括货物运输收入、运输代理收入、货物快递收入。

注：3. 运营网点是指在经营覆盖范围内，由本企业自行设立、可以承接并完成企业基本业务的分支机构。

注：4. 顾客投诉率是指在年度周期内客户对不满意业务的投诉总量与企业业务总量的比率。

注：5. 顾客满意度是指在年度周期内企业对顾客满意情况的调查统计。

表2 仓储型物流企业评估指标

评估指标		级别				
		AAAAA 级	AAAA 级	AAA 级	AA 级	A 级
经营状况	1. 年仓储营业收入/元 *	6 亿以上	1.2 亿以上	2500 万以上	500 万以上	200 万以上
	2. 营业时间 *	3 年以上	2 年以上		1 年以上	
资产	3. 资产总额/元 *	10 亿以上	2 亿以上	4000 万以上	800 万以上	200 万以上
	4. 资产负债率 *	不高于 70%				
设备设施	5. 自有仓储面积/m^2 *	500 以上	200 以上	100 以上	50 以上	30 以上
	6. 自有/租用货运车辆/辆	500 以上	200 以上	100 以上	50 以上	30 以上
	7. 配送客户点/个	400 以上	300 以上	200 以上	100 以上	50 以上
管理及服务	8. 管理制度	有健全的经营、财务、统计、安全、技术等机构和相应的管理制度				
	9. 质量管理 *	通过 ISO 9001－2000 质量管理体系认证				
	10. 顾客投诉率（或顾客满意度）	≤0.05%（≥98%）	≤0.1%（≥95%）		≤0.5%（≥90%）	
人员素质	11. 中高层管理人员	*80% 以上具有大专以上学历或行业组织物流师认证	60% 以上具有大专以上学历或行业组织物流师认证		30% 以上具有大专以上学历或行业组织物流师认证	
	12. 业务人员	60% 以上具有中等以上学历或专业资格	50% 以上具有中等以上学历或专业资格		30% 以上具有中等以上学历或专业资格	
信息化水平	13. 网络系统 *	仓储经营业务信息全部网络化管理			仓储经营业务信息部分网络化管理	
	14. 电子单证管理	100% 以上	80% 以上		60% 以上	
	15. 货物跟踪	90% 以上	70% 以上		50% 以上	
	16. 客户查询 *	建立自动查询和人工查询系统			建立人工查询系统	

注 1：标注 * 的指标为企业达到评估等级的必备指标项目，其他为参考指标项目。

注 2：仓储营业收入指企业完成货物仓储业务、配送业务所取得的收入。

注 3：顾客投诉率是指在年度周期内客户对不满意业务的投诉总量与企业业务总量的比率。

注 4：顾客满意度是指在年度周期内企业对顾客满意情况的调查统计。

注 5：配送客户点是指企业当前的、提供一定时期内配送服务的、具有一定业务规模的、客户所属的固定网点。

注 6：租用货运车辆是指企业通过契约合同等方式可进行调配、利用的货运专用车辆。

表3　综合服务型物流企业评估指标

<table>
<tr><th colspan="2" rowspan="2">评估指标</th><th colspan="5">级别</th></tr>
<tr><th>AAAAA级</th><th>AAAA级</th><th>AAA级</th><th>AA级</th><th>A级</th></tr>
<tr><td rowspan="2">经营状况</td><td>1. 年货运营业收入/元＊</td><td>15亿以上</td><td>3亿以上</td><td>6 000万以上</td><td>1 000万以上</td><td>300万以上</td></tr>
<tr><td>2. 营业时间＊</td><td>3年以上</td><td colspan="2">2年以上</td><td colspan="2">1年以上</td></tr>
<tr><td rowspan="2">资产</td><td>3. 资产总额/元＊</td><td>10亿以上</td><td>2亿以上</td><td>4000万以上</td><td>800万以上</td><td>300万以上</td></tr>
<tr><td>4. 资产负债率＊</td><td colspan="5">不高于70%</td></tr>
<tr><td rowspan="2">设备设施</td><td>5. 自有货运车辆/辆＊
（或总载重量/T）＊</td><td>1500以上
（7500以上）</td><td>400以上
（2000以上）</td><td>150以上
（750以上）</td><td>80以上
（400以上）</td><td>30以上
（250以上）</td></tr>
<tr><td>6. 运营网点（个）</td><td>50以上</td><td>30以上</td><td>15以上</td><td>10以上</td><td>5以上</td></tr>
<tr><td rowspan="4">管理及服务</td><td>7. 管理制度</td><td colspan="5">有健全的经营、财务、统计、安全、技术等机构和相应的管理制度</td></tr>
<tr><td>8. 质量管理＊</td><td colspan="5">通过ISO 9001－2000质量管理体系认证</td></tr>
<tr><td>9. 业务辐射面＊</td><td>国际范围</td><td>全国范围</td><td>跨省区</td><td colspan="2">省内范围</td></tr>
<tr><td>10. 顾客投诉率
（或顾客满意度）</td><td>≤0.05%
（≥98%）</td><td colspan="2">≤0.1%
（≥95%）</td><td colspan="2">≤0.5%
（≥90%）</td></tr>
<tr><td rowspan="2">人员素质</td><td>11. 中高层管理人员</td><td>＊80%以上具有大专以上学历或行业组织物流师认证</td><td colspan="2">60%以上具有大专以上学历或行业组织物流师认证</td><td colspan="2">30%以上具有大专以上学历或行业组织物流师认证</td></tr>
<tr><td>12. 业务人员</td><td>60%以上具有中等以上学历或专业资格</td><td colspan="2">50%以上具有中等以上学历或专业资格</td><td colspan="2">30%以上具有中等以上学历或专业资格</td></tr>
<tr><td rowspan="4">信息化水平</td><td>13. 网络系统＊</td><td colspan="3">货运经营业务信息全部网络化管理</td><td colspan="2">物流经营业务信息部分网络化管理</td></tr>
<tr><td>14. 电子单证管理</td><td>100%以上</td><td colspan="2">80%以上</td><td colspan="2">60%以上</td></tr>
<tr><td>15. 货物跟踪＊</td><td>90%以上</td><td colspan="2">70%以上</td><td colspan="2">50%以上</td></tr>
<tr><td>16. 客户查询＊</td><td colspan="3">建立自动查询和人工查询系统</td><td colspan="2">建立人工查询系统</td></tr>
</table>

注1：标注 ＊ 的指标为企业达到评价等级的必备指标项目，其他为参考指标项目。

注2：综合物流营业收入指企业通过物流业活动所取得的收入，包括运输、储存、装卸、搬运、包装、流通加工、配送等业务取得的收入总额。

注3：运营网点是指在经营覆盖范围内，由本企业自行设立、可以承接并完成企业基本业务的分支机构。

注4：顾客投诉率是指在年度周期内客户对不满意业务的投诉总量与企业业务总量的比率。

注5：顾客满意度是指在年度周期内企业对顾客满意情况的调查统计。

注6：租用货运车辆是指企业通过契约合同等方式可进行调配、利用的货运专用车辆。

注7：租用仓储面积是指企业通过契约合同等方式可进行调配、利用的仓储总面积。